河南大学人文社会科学交叉学科培育计划专项资助

主编
张宝明

执行主编
闵祥鹏

编委会
主任
张宝明

副主任
王明钦　桓占伟　孔令刚　闵祥鹏　陈会亮　杨红玉
曹海涛　岳鹏星

参与成员
殷佳佳　成雅昕　唐静琰　伊妍雪　吴苏洪　刘丹睿
余姝毅　杨雨晴　杨子怡　王雨晴　郭雨欣　伏　楠
李卓为　郭文琦

Analysis Report
on Academic Keywords
in Chinese Humanities
and Social Sciences

中国人文社会科学学术关键词分析报告
（2021年度）

主 编

张宝明

执行主编

闵祥鹏

中国社会科学出版社

图书在版编目(CIP)数据

中国人文社会科学学术关键词分析报告.2021年度/张宝明主编.—北京:中国社会科学出版社,2023.12
ISBN 978-7-5227-2893-3

Ⅰ.①中… Ⅱ.①张… Ⅲ.①人文科学—关键词—研究报告—中国—2021 Ⅳ.①C12

中国国家版本馆CIP数据核字(2023)第241366号

出 版 人	赵剑英
责任编辑	陈肖静
责任校对	刘 娟
责任印制	戴 宽

出 版	中国社会科学出版社
社 址	北京鼓楼西大街甲158号
邮 编	100720
网 址	http://www.csspw.cn
发 行 部	010-84083685
门 市 部	010-84029450
经 销	新华书店及其他书店

印刷装订	北京君升印刷有限公司
版 次	2023年12月第1版
印 次	2023年12月第1次印刷

开 本	710×1000 1/16
印 张	12.25
插 页	2
字 数	150千字
定 价	79.00元

凡购买中国社会科学出版社图书,如有质量问题请与本社营销中心联系调换
电话:010-84083683
版权所有 侵权必究

目　录

序 ……………………………………………………（1）

一　法学研究 ………………………………………（1）

二　图书情报与档案管理研究 ……………………（17）

三　哲学研究 ………………………………………（30）

四　马克思主义理论研究 …………………………（46）

五　中国史研究 ……………………………………（65）

六　世界史研究 ……………………………………（82）

七　文化与旅游研究 ………………………………（99）

八　考古学研究 ……………………………………（111）

九　文学研究 ………………………………………（128）

十　新闻与传播研究 ………………………………（146）

十一　经济学研究 …………………………………（161）

附录　2020年中国人文社会科学研究学术热词
　　　分析报告(节选) ……………………………（165）

后记 …………………………………………………（189）

序

  为了推动跨学科交叉研究和交叉学科建设，加强对人文社会科学学科前沿的探索，河南大学人文社科高等研究院自 2020 年起开始致力于人文社科关键词研究，逐渐成为具有学科特色的研究方向。整理年度学术关键词能够为学术研究提供有效的工具和标准化的语言表达方式，也有助于学术界的沟通与交流，使研究者能够准确地描述自己的研究领域和成果，促进学科的发展和进步。

  2021 年以来，由我院组织的分析团队连续发布学术关键词分析报告，并将其中的部分内容刊登于《人文》集刊，得到学界同仁的广泛认可与肯定。尤其是 2022 年 4 月我院发布"2021 年历史学研究十大学术关键词"：中国共产党、文化认同、全球史、国家治理、丝绸之路、文化交流、抗日战争、口述史、考古学文化、青铜器，由河南大学人文社科高等研究院张宝明教授、清华大学历史系仲伟民教授、中国人民大学国学院王子今教授、中国历史研究院历史理论研究所左玉河研究员、英国剑桥李约瑟研究所梅建军教授等 5 位学界知名专家进行评议，引发各界的广泛关注，《中华读书报》《光明日报》全媒体以及中国社会科学网头版对十大关键词评选进行了重点报道，进一步推动引导学界对前沿领域与重大议题的探索。

在此基础上，我们又与中国社会科学出版社合作出版《中国人文社会科学学术关键词分析报告（2021年度）》。《报告》采用文献计量的研究方法，整理2021年度中文社会科学引文索引（CSSCI）、北京大学核心期刊目录、中国科学引文数据库（CSCD）所收录的相关研究论文，包括法学、文学、新闻与传播学、图书情报与档案学、哲学、中国史、世界史、考古学、马克思主义理论、经济学、文化与旅游等11个学科，对其中的学术关键词及研究重点、热点进行总结，追踪当前人文社科研究的关键问题与交叉方向，推动引导学界对前沿领域与学科交叉重大议题的探索。

本书部分展现人文社会科学研究的现状和热点，并为研究机构、相关专业研究人员及时把握学术增长点与前沿方向提供若干参考。此外，本书可以帮助读者及时了解到学术动态、前沿成果和研究趋势，从而抓住学术增长机遇，并在前沿领域取得竞争优势。

张宝明

一　法学研究

2021年法学研究立足国家法治发展实况，认真探讨并力求解决新时代提出的重大理论和实践问题。该部分共整理法学核心论文9058篇。根据数据显示：在理论领域，习近平法治思想研究备受关注，"比例原则"成为后疫情时代大数据背景下的行政领域关键词；在部门法领域，"民法典""个人信息保护""人工智能""知识产权""反垄断""数字经济"是重点词语。

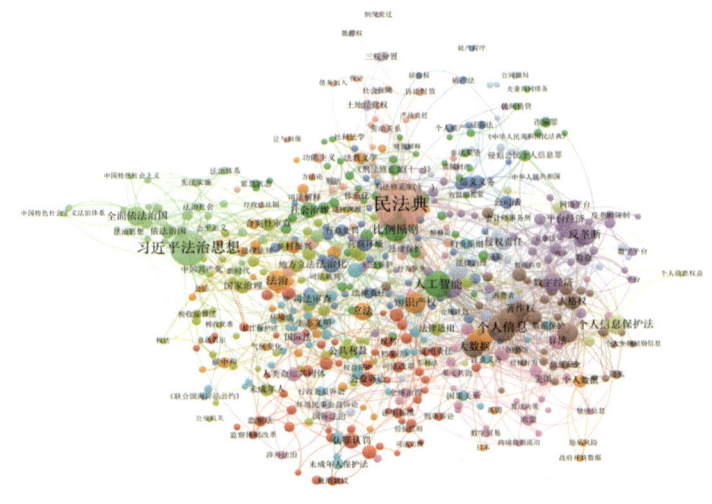

图1-1　法学研究热点

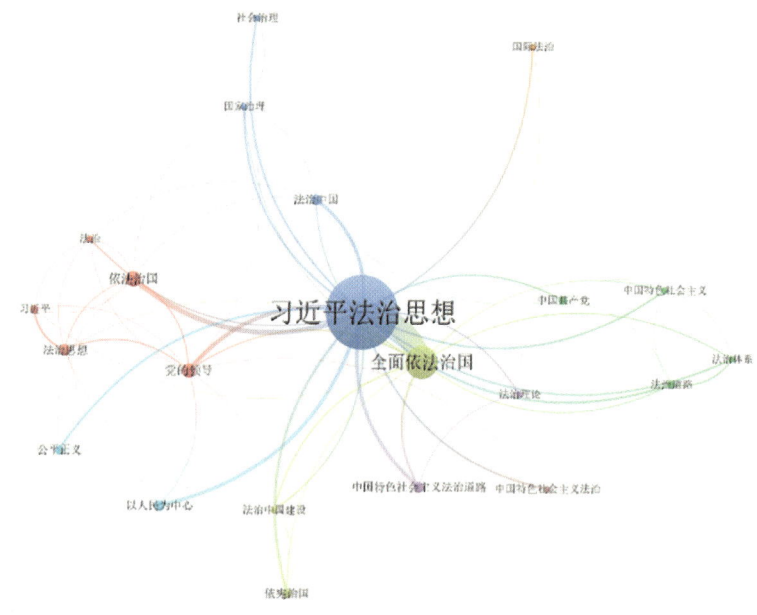

图 1-2　习近平法治思想

法学理论方面，习近平法治思想是当代法学研究中极为重要的理论，该词成为 2021 年度高频关键词。2020 年 11 月 16 日至 17 日，中央全面依法治国工作会议在京召开，会议明确提出了习近平法治思想，这在马克思主义法治理论发展史和中国社会主义法治建设史上都具有里程碑意义。

习近平法治思想是新时代全面依法治国的根本遵循和行动指南。一年来，学界不断深化对习近平法治思想的学理阐释、理论阐释和体系阐释，广大法学法律工作者深入学习领会、深化理论研究、深耕实践创新，并实际运用习近平法治思想来探讨解决法治建设中的具体问题，高质量研究成果不断涌现。本年度该领域高产学者有：江必新教授（11 篇），张文显教授（7 篇），公丕祥教授（7 篇），黄文艺教授（7 篇），吕忠梅教授（6 篇）。刊文产出的主要高校和团体分别是武汉大学、中国人民大学、中共中央党校、南京师范大学、中国政法大学、中南大学、华东政法大学、中国法学会、西南政法大学、海南大学。

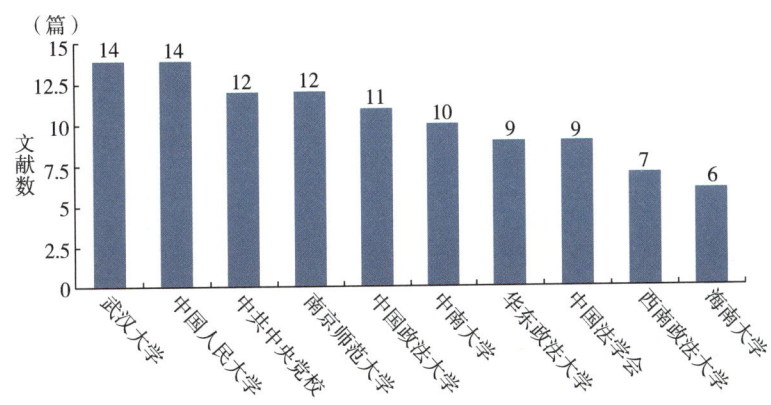

图1-3 习近平法治思想发文单位

"全面依法治国""法治""中国特色社会主义法治"等是与习近平法治思想紧密相连的重点词语。以本年度该领域下载量最高的论文《习近平法治思想的理论体系》为例，张文显教授在文中提出了"三基本"的理论模型，即法治的基本原理、中国特色社会主义法治的基本理论和全面依法治国的基本观点三大层次三大板块，并试将其作为研究习近平法治思想的一种新的学术范式[①]。

习近平法治思想博大精深、内涵丰富、体系严整，是当代法治建设的普遍规律同新时代中国国情相结合的思想典范。吕忠梅教授解读习近平法治思想的生态文明法治理论，主要对习近平法治思想在生态环境保护中的实践深化和科学运用进行研究[②]。黄

---

① 张文显：《习近平法治思想的理论体系》，《法制与社会发展》2021年第1期。
② 吕忠梅：《习近平法治思想的生态文明法治理论》，《中国法学》2021年第1期。

进教授深入探讨习近平法治思想中有关国际法治的内容①，黄文艺教授梳理和研究习近平法治思想中的司法改革理论②。

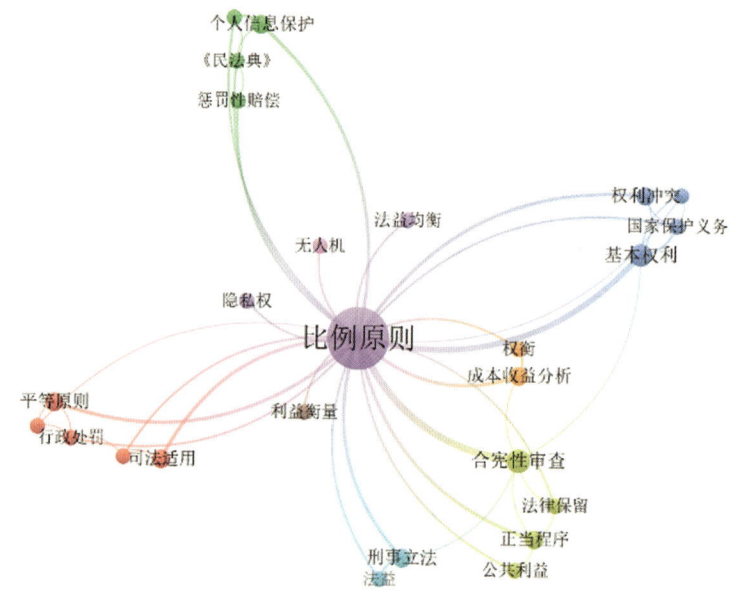

图1-4 比例原则

依法行政是建设法治中国的关键，法治政府建设是整个国家治理体系现代化、法治化的终端，使政府职能边界日益清晰、权力配置更趋合理、治理水平不断提升正离不开行政法学科的智力支持。比例原则作为行政法的基本原则之一，其丰富的精神意蕴对依法合理行政具有重要的指引和保障作用。德国行政法学鼻祖奥托·迈耶于1985年首次提出比例原则并做出如下定义："行政权力对人民的侵权必须符合目的性，采行最小侵害以及追求公益

---

① 黄进：《习近平法治思想的国际法治意涵》，《政法论坛》2021年第3期。
② 黄文艺：《论习近平法治思想中的司法改革理论》，《比较法研究》2021年第2期。

一 法学研究

应有凌越私益的优越性。"① 此后，比例原则以其日益旺盛的生命力得到广泛传播和普遍适用。

数据显示，2021年度学界对"比例原则"相关研究热度高涨，重要论文刊发数量几近上一年度的两倍。刘权教授是本年度该领域最高产学者，华东政法大学、西南政法大学、中央财经大学是该领域主要的发文高校。值得注意的是，全民抗"疫"时期，在采取必要应急措施和有效保障公民核心权利两者间，公权机关如何协调以达平衡，成为社会舆论和研究领域的焦点，如健康码数据的常态化应用边界划定、个人信息自决的法律保护、额外卫生措施的适用及局限性等，"个人信息保护""行政处罚""公共利益""正当程序""基本权利""法律保留"等词语被多次提及。

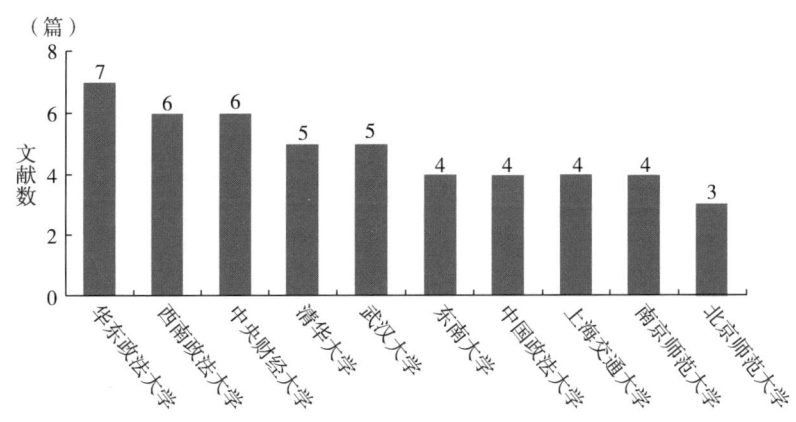

图1-5 "比例原则"发文单位

随着现代法学迭代更替的研究发展，比例原则不再仅仅是一个行政法原则，它正开始摆脱公法之藩篱，在其他部门法中寻找

---

① ［德］奥托·迈耶：《德国行政法》，刘飞译，商务印书馆2002年版，第27页。

更加广阔的适用空间。如蒋红珍教授试揭示比例原则正成为整个法律帝国之基本原则的发展趋势的若干面向，并剖析范式转型的内在机理和思考本土化选择的最优路径①。张明楷教授从法益概念的立法批判机能视角主论实质的法益概念，并认为，比例原则是贯彻法益保护原则的程序性、方法性的规则②。竺效教授将比例原则考量作为规范解释适用绿色原则的主要步骤之一，并对比例原则及其三项子原则在绿色原则民事司法领域的实际应用予以具体解读③。

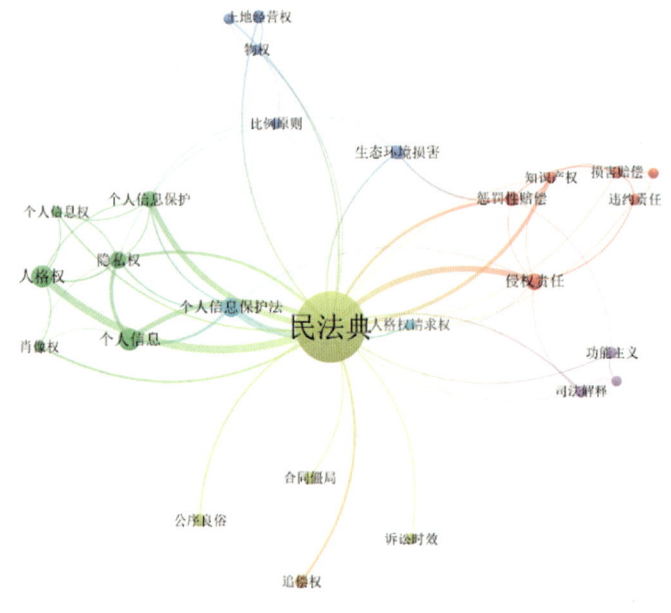

图 1-6　民法典

民商法方面，《中华人民共和国民法典》（以下简称《民法

---

① 蒋红珍：《比例原则适用的范式转型》，《中国社会科学》2021 年第 4 期。
② 张明楷：《论实质的法益概念——对法益概念的立法批判机能的肯定》，《法学家》2021 年第 1 期。
③ 竺效：《论绿色原则的规范解释司法适用》，《中国法学》2021 年第 4 期。

典》)受到持续关注,"民法典"连续两年成为学术最热关键词。2020年度,与"民法典"相关的重要论文数量超过五百篇,而在2021年度,这一数字已接近七百篇。《民法典》在国家法律体系中的地位仅次于《宪法》,是市场经济的基本法和市民生活的基本行为准则。2021年1月1日,艰难酝酿多年、独具民族特色、富有时代气息的《民法典》全面施行,我国正式进入"民法典"时代。

在《民法典》颁布一周年纪念会暨民法典评注与适用研讨会上,中国社会科学院学部委员、法学所研究员孙宪忠指出:"《民法典》在适用过程中尚有许多问题有待讨论,目前对《民法典》条文原旨解读得不准确以及法律理解的碎片化、肢解化现象较为严重,应当予以纠正。"法律的权威和生命力在于实施,面对法律适用的新问题、新形势,学者们多将注意力聚焦于《民法典》的精准阐释和有效实施,"个人信息保护""人格权""债权""司法适用"等是重要视角,如刘贵祥大法官在总结民事立法和司法实践的基础上论述《民法典》关于担保的几个重大问题[1],王利明教授试阐明《民法典》中环境污染和生态破坏责任的亮点[2]并认为《民法典》人格权编立法充分彰显人格尊严的基本理念和精神[3],吕炳斌教授坚持有必要在《民法典》体系的视野下,基于解释论的立场求得个人信息保护"同意"困境的化解之道[4]。

本年度该领域高产学者有:王利明教授(10篇),杨立新教

---

[1] 刘贵祥:《民法典关于担保的几个重大问题》,《法律适用》2021年第1期。
[2] 王利明:《〈民法典〉中环境污染和生态破坏责任的亮点》,《广东社会科学》2021年第1期。
[3] 王利明:《人格尊严:民法典人格权编的首要价值》,《当代法学》2021年第1期。
[4] 吕炳斌:《个人信息保护的"同意"困境及其出路》,《法商研究》2021年第2期。

授（8篇），石佳友教授（8篇），李永军教授（7篇），程啸教授（6篇），冉克平教授（6篇）。从刊文的署名单位来看，中国人民大学以54篇发文量独占鳌头，中国政法大学以49篇位居第二，华东政法大学、清华大学、武汉大学、西南政法大学、北京大学、吉林大学、中南财经政法大学均超过20篇。

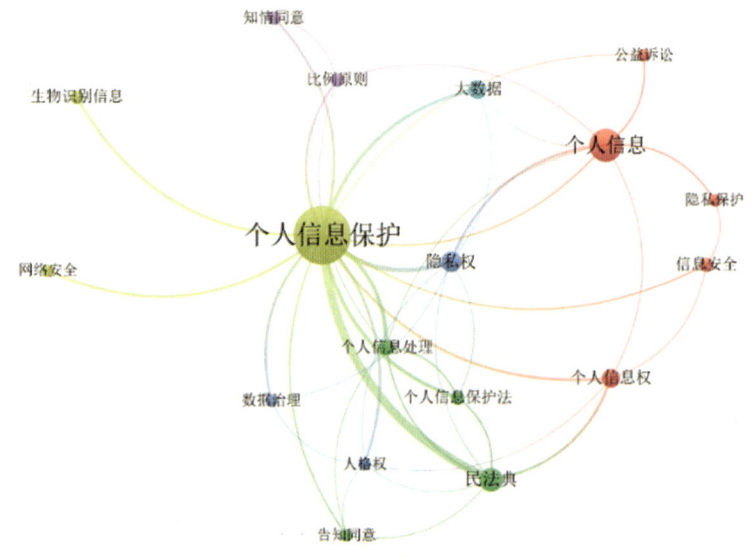

图1-7 个人信息保护

"个人信息保护"与"民法典"关联度最为密切，无论从研究的主要主题还是次要主题上看，两者间都密不可分。"个人信息保护"是民事法律研究的另一热词。在民法典研究领域被引次数最高的前十篇刊文中，有六篇以"个人信息保护"为主题，王锡锌教授的《个人信息国家保护义务及展开》是被引次数最高的论文。

2021年8月20日，十三届全国人大常委会第三十次会议表决通过了《中华人民共和国个人信息保护法》（以下简称《个人信息保护法》），并于 2021 年 11 月 1 日起施行。2020 年以前，"个人信息保护"少有论文涉及，但在 2021 年度，该类论文数量呈爆发式增长，增至百余篇。学界的关注表明法学研究不仅立足法治中国建设进程，而且紧跟网络时代发展步伐。在具体视角方面，部分学者从"大民法"视域展开研究，阐述《个人信息保护法》与《民法典》两者之间的适用关系及其衔接调整等，也有多数学者基于《个人信息保护法》本身探究其制度亮点和功能定位。同时，随着信息化与经济社会持续深度融合，随意收集、违法获取、过度使用、非法买卖个人信息等现象越发突出，基于大数据背景下的个人信息保护法律制度所面临的挑战及其对策也成为该领域研究的另一热门方向，"隐私权""大数据""数字经济"等词语被频频提及，如胡凌教授就人脸识别行为深入探讨身份制度、个人信息与法律规制问题[①]，张新宝教授建议设置互联网生态"守门人"在个人信息保护方面的特别义务，并提出了具体可行的文本方案[②]。

与"民法典"一样，"人工智能"也热度不减，连续两年成为研究关键词。中国社会科学院法学研究所研究员、人工智能专家杨延超认为，人工智能正在重构法律关系下的权利义务模型，正在引发法律主体制度、主体权利义务、法律客体和法律责任等新问题，并对传统民法、刑法、金融法、知识产权法和其他部门法提出新挑战。但同时，在大数据立法过程中，可以利用人工智能实现立法科学化；在执法过程中，可以利用人工智能提高执法

[①] 胡凌：《刷脸：身份制度、个人信息与法律规制》，《法学家》2021 年第 2 期。
[②] 张新宝：《互联网生态"守门人"个人信息保护特别义务设置研究》，《比较法研究》2021 年第 3 期。

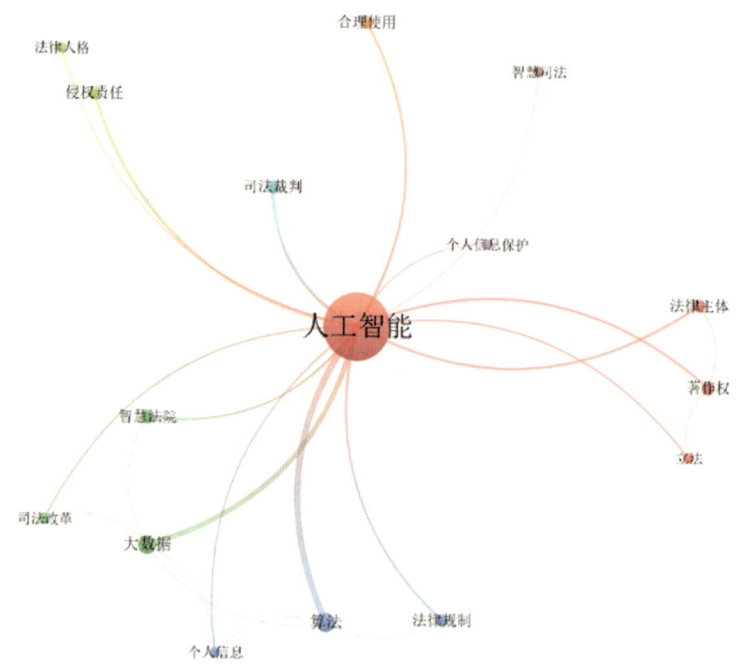

图 1-8 人工智能

的效率和科学;在司法过程中,可以利用人工智能更好实现司法的效率和公平;为实现公民守法,可以利用人工智能更好地提升公众的法律意识[①]。

面对因人工智能发展而来的难题,学界主要聚焦伦理危机、算法风险、歧视治理等重要方向,郑智航教授的《人工智能算法的伦理危机与法律规制》是该领域被引次数和下载次数最高的刊文。同时,为把握法律与科技间互动发展的难得机遇,学界也高度重视大数据在智慧法院发展上的应用与前景,如李训虎教授建议对刑事司法人工智能进行包容性规制[②],张卫平教授认为民事

[①] 杨延超:《推动人工智能与法学的深度融合》,《人民邮电》2020年11月20日。
[②] 李训虎:《刑事司法人工智能的包容性规制》,《中国社会科学》2021年第2期。

诉讼法必须对司法智能化潮流予以积极回应①，万勇教授提出因人工智能产业发展的合理使用制度的改革方案和人工智能时代合理使用制度的中国选择②。

近两年，中国政法大学和中南财经政法大学在该领域发文较为集中。从作者看，彭中礼教授对人工智能关注较高。

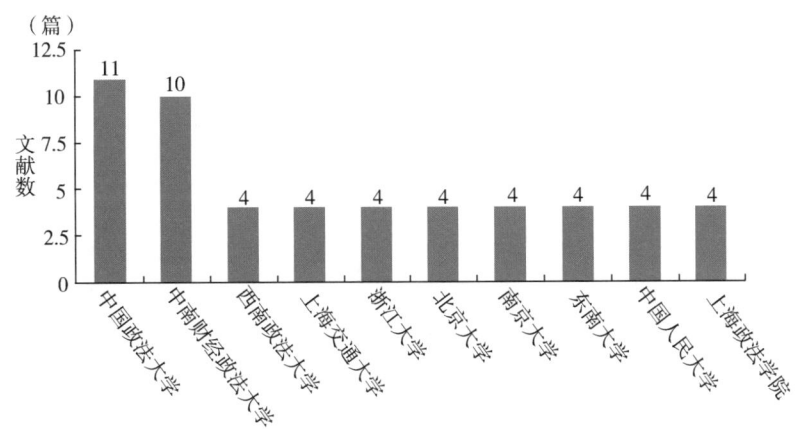

图 1-9　机构发文数量

经济发展的创新驱动关键在于强化知识产权的创造、保护和运用。在法学领域，"知识产权"热度不减，连续两年成为研究关键词。立法层面，知识产权三大法于近年修改，其中《中华人民共和国著作权法》和《中华人民共和国专利法》均于 2021 年 6 月 1 日正式实施。政策层面，中共中央、国务院印发《知识产权强国建设纲要（2021—2035 年）》，以回应新的经济形势对知识产权制度变革提出的挑战，全面提升我国知识产权综合实力。近十

---

① 张卫平：《民事诉讼智能化：挑战与法律应对》，《法商研究》2021 年第 4 期。
② 万勇：《人工智能时代著作权法合理使用制度的困境与出路》，《社会科学辑刊》2021 年第 5 期。

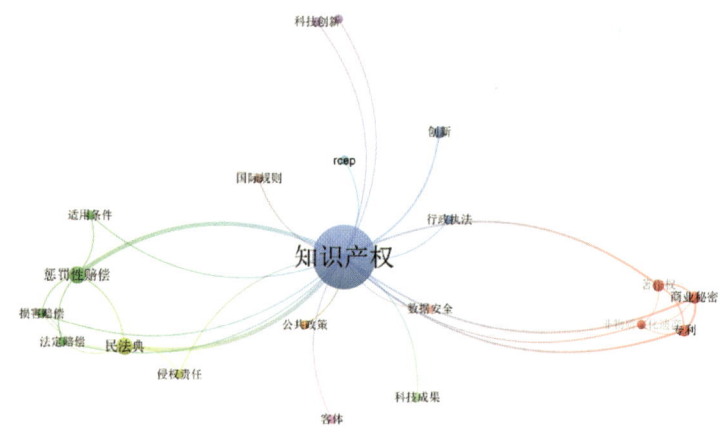

图 1-10 知识产权

五年来，有关知识产权研究的重要论文刊发数量一直保持着较为平稳的态势，虽然 2021 年与之前相比刊文数量有所下降，但仍是年度热点之一。

在已修订的三大传统知识产权法律文件和《民法典》中，均规定了知识产权惩罚性赔偿条款，2021 年 3 月 3 日，最高人民法院发布了《最高人民法院关于审理侵害知识产权民事案件适用惩罚性赔偿的解释》，对知识产权民事案件中惩罚性赔偿的适用范围，故意、情节严重的认定，计算基数、倍数的确定等做出了具体规定。学界基础理论研究与行业新风向相互促进，良性互动。在知识产权领域被引次数最高的前十篇刊文中，有五篇以惩罚性赔偿制度为研究对象，在下载次数最高的前十篇刊文中，也有四篇以侵权赔偿制度为研究主题（含重叠），说明侵权损害赔偿是目前知识产权领域研究最为热点的问题。此外，学者也关注"数据安全""商业秘密""非物质文化遗产"等新型权利，呈现出多元化的研究态势。

一 法学研究

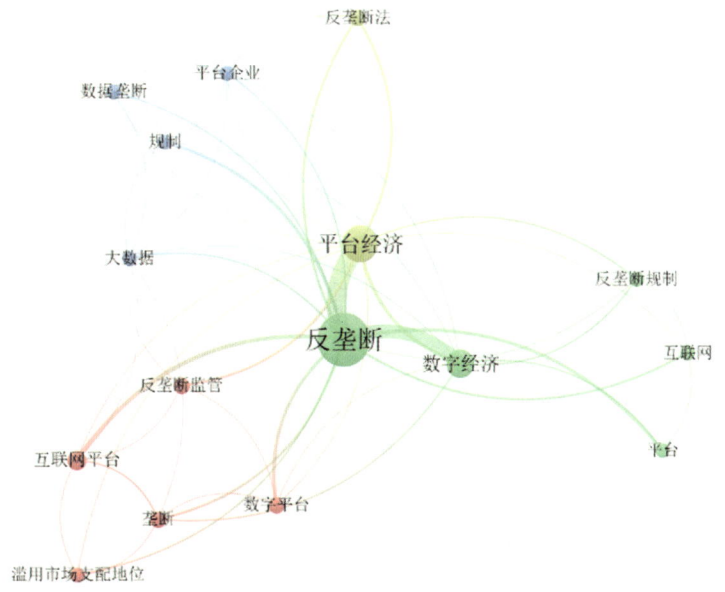

图 1-11　反垄断

经济法方面，经济发展呼唤经济法的理论与制度创新，"反垄断"和"数字经济"成为热点词语，且两者关联度较高。

2020年12月18日闭幕的中央经济工作会议部署了2021年经济工作，明确了八大重点任务，其中，第六项是"强化反垄断和防止资本无序扩张"，并强调：国家支持平台企业创新发展、增强国际竞争力，支持公有制经济和非公有制经济共同发展，同时要依法规范发展，健全数字规则。当前，中国数字经济发展迅速，互联网平台企业快速壮大，在带动经济红利的同时，也导致市场垄断、无序扩张等现象日益凸显，出现了限制竞争、价格歧视、泄露个人隐私等一系列问题。中南财经政法大学数字经济研究院执行院长、教授盘和林指出："完善反垄断机制是发展数字经济的必然要求，而做好反垄断的关键在于对资本扩张的合理管

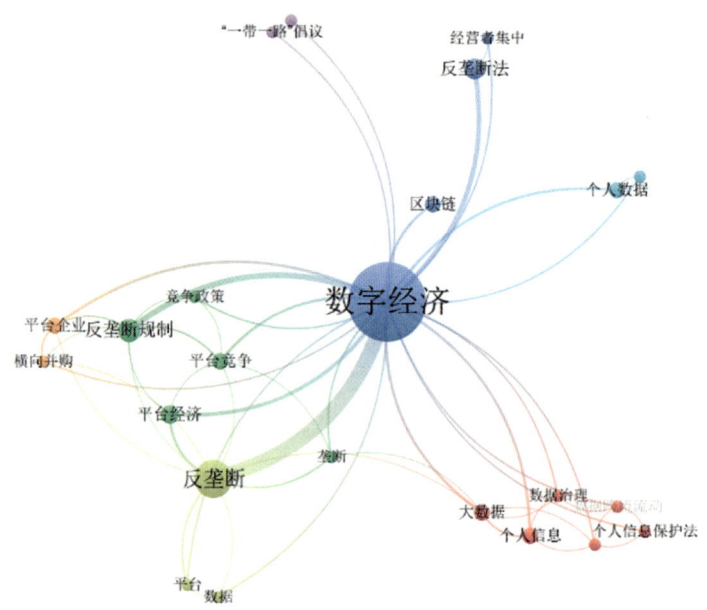

图 1-12 数字经济

控。只有提高资本控制力,健全前瞻性监管,才能进一步提升反垄断监管的效率,推动数字经济健康长远发展。"①

面对数字经济的联网效应和市场集中趋势,学界主要关注数字经济法治实践和互联网平台经济竞争监管等主题,如孙晋教授主张数字平台反垄断监管亟待理论创新,急需构建以《反垄断法》为中心的良法基石②。丁晓东教授通过对大数据的特征与反垄断理论进行法理层面的分析,认为大数据时代对反垄断提出三大挑战③。2017 年至 2020 年,"反垄断"研究的刊文数量保持着

---

① 盘和林:《数字经济时代的反垄断,重点在于对资本扩张的监管》,https://theory.gmw.cn/2020-12/30/content_34507930.htm,2022 年 11 月 4 日访问。
② 孙晋:《数字平台的反垄断监管》,《中国社会科学》2021 年第 5 期。
③ 丁晓东:《论数据垄断:大数据视野下反垄断的法理思考》,《东方法学》2021 年第 3 期。

较为稳定的态势，但 2021 年度大幅提高，增至近百篇，体现出经济法研究正逐渐进入新的阶段。

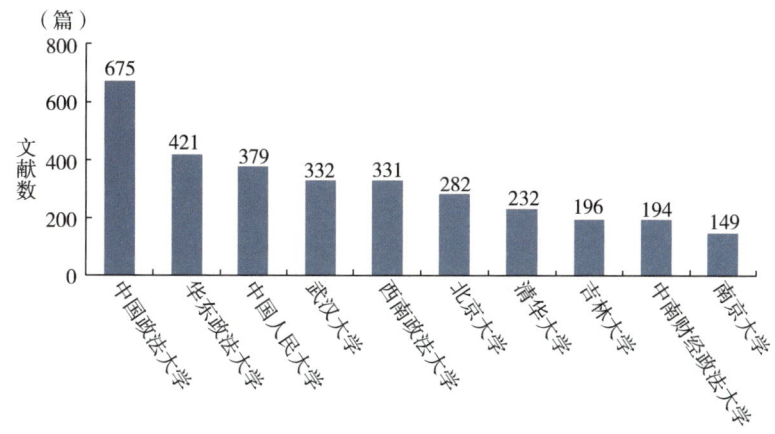

图 1 - 13　机构发文数量

从法学领域重要论文产出高校看，发文量前十依次为中国政法大学、华东政法大学、中国人民大学、武汉大学、西南政法大学、北京大学、清华大学、吉林大学、中南财经政法大学和南京大学，其中八个席位属政法老牌强校"五院四系"。从发文作者看，年度高产学者有：陈兵教授（18 篇），姜涛教授（17 篇），王利明教授（15 篇），江必新教授（15 篇），吕忠梅教授（12 篇），江国华教授（12 篇），胡玉鸿教授（12 篇），何志鹏教授（12 篇），陈伟教授（12 篇），陈金钊教授（12 篇），刘宪权教授（11 篇），刘艳红教授（10 篇），程啸教授（10 篇），雷磊教授（10 篇），章志远教授（10 篇）。

除以上关键词之外，2021 年 3 月 1 日，《刑法修正案（十一）》正式施行，本次修正内容包含对社会热点事件的立法回应以及与其他部门法的立法衔接。2021 年，检察机关落实宽严相济刑事政策的要求,让认罪认罚从宽制度行稳致远。2021年是中国加入世界贸易组织二十周年,站在新的时代节点上,国际法相关研究再续新篇。总体而言,法学学者紧跟实践发展、回应时代关切。

(执笔:殷佳佳)

二 图书情报与档案管理研究

2021年中国图书情报与档案管理[①]研究坚持以重大现实问题为主攻方向，坚持基础研究和应用研究并重。本部分共整理核心论文5794篇进行分析。图情档工作是维护历史真实面貌的重要事业，因而知识服务、资源建设、数据治理一直是图情档学科理论研究的热点，出现了"数字人文""知识图谱""可视化分析""阅读推广""档案事业""档案部门""红色档案资源"等高频关键词。

数字人文发轫于人文计算，是一个典型的文理交叉研究领域。2021年图情档学科理论研究围绕"数字人文"这一关键词，构成了多个重要执本的研究重点。该关键词同"区块链""可视化分析""知识服务""图书馆""档案"等主题密切相关，同时反映出图情档学科的研究主要依靠互联网、大数据、云计算等信息技术的发展，体现了鲜明的时代特色。

数字人文飞速发展的时代，计算机技术和移动互联网的快速

---

① 2022年9月13日教育部发布《研究生教育学科专业目录（2022年）》，其中，"图书情报与档案管理"一级学科更名为"信息资源管理"，自2023年起正式实施。

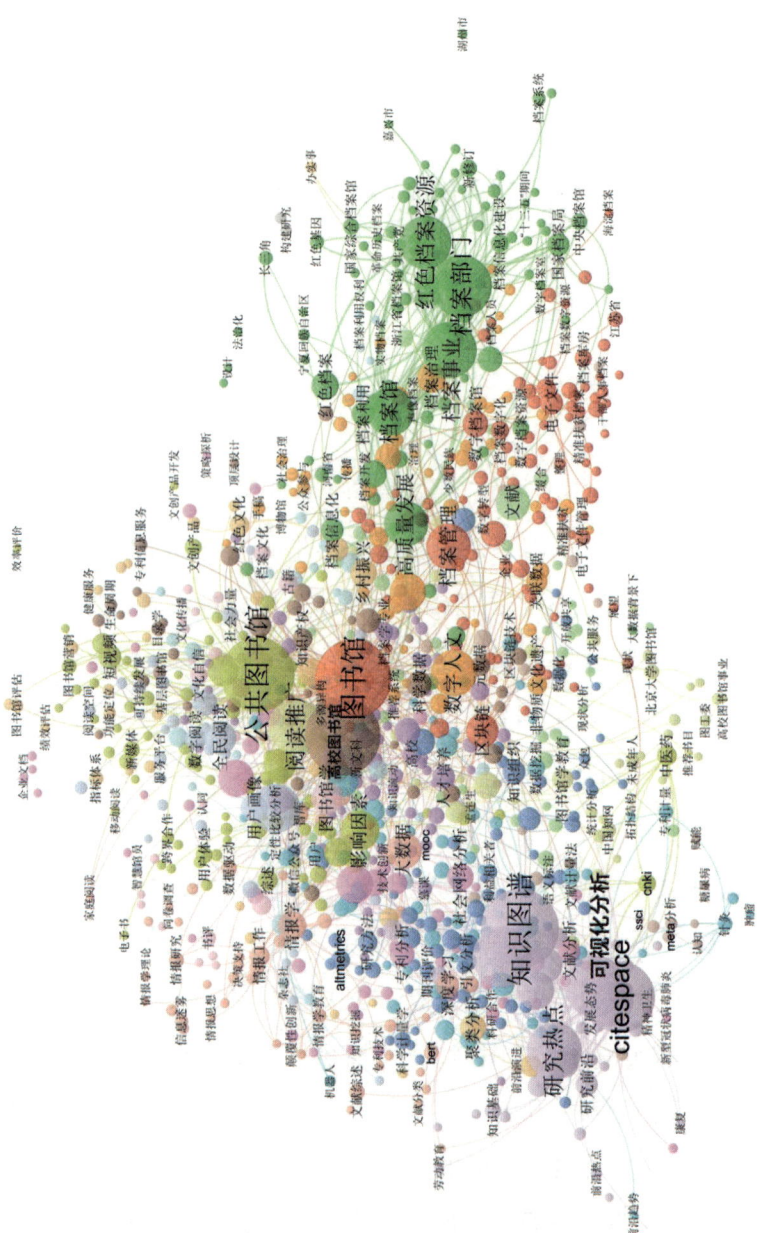

图2-1 图书情报与档案管理研究热点

发展给人类社会的各个方面带来深刻变革，也为图书情报与档案管理研究提供了传统网络环境之外的延展空间与转型机遇，当前学界多从文献计量的角度对该过程进行分析。在研究方法方面，广大学者多基于 CNKI、Web of Science 检索图情档领域相关文献，利用 SATI、Excel 等信息整合工具进行文献计量，通过 Citespace、VOSviewer 知识图谱实现可视化分析，借助丰富、便捷的算法，对图情档领域最新、最热问题研究进行立体式分析。此外，数字人文深刻改变了人文社会科学的研究方式，人文社会科学研究方法与大数据挖掘如何融合，以及数据驱动的探索性研究和理论驱动的验证性研究如何互补成为学界研究的热点，数字人文在给人文学科带来范式转型的同时，也引发了一系列值得反思的问题，与之相关的，本年度"大数据""元数据""人工智能""信息素养""数据治理"都成为学界研究的热点。

数字人文与图书馆学交叉研究方面，"智慧图书馆"为热门词语。2021 年，国家"十四五"规划中首次将智慧图书馆建设纳入国家发展战略，智慧图书馆的发展要与国家的发展同步，正式提出"全国智慧图书馆"体系。因此，"互联网+"时代下，智慧图书馆是未来图书馆发展的必然趋势。创新驱动，智慧赋能，学界对智慧图书馆的研究日益深入，第五届智慧图书馆发展论坛强调发展智慧图书馆是加快数字化发展、建设"数字中国"的重要战略要求，是"数字中国"建设进程中推动图书馆事业高质量转型创新的需要，提出"全国智慧图书馆体系"建设的 1+3+N 总体架构[①]。此外，国家图书馆馆长饶权在《中国图书馆学报》

---

① 李梓奇、朱泽、王常珏、李玉海：《智慧图书馆发展的"十四五"开局之问——"2021 第五届智慧图书馆发展论坛"学术报告述评》，《大学图书馆学报》2021 年第 6 期。

发表《全国智慧图书馆体系：开启图书馆智慧化转型新篇章》一文，指出全国智慧图书馆体系将建成智慧图书馆评价体系、智慧图书馆标准规范体系、智慧图书馆研究及人才培养体系三大支撑保障体系，从而确保智慧图书馆的科学发展[①]。当前学界研究，着眼于从数字图书馆到智慧图书馆，再到未来的智慧服务的体系建设，对智慧图书馆的业务架构和管理体系、智慧个性化推荐服务理念和模式、智慧图书馆社会和经济效益评价分析、协同化运用信息技术等理论研究有待进一步深化，"智慧图书馆"将持续成为数字人文与图书馆学交叉研究的热门课题，与之密切相关的"智慧服务""数据安全""公共数字文化建设"也将成为学术研究聚焦点。

档案馆是数字人文的枢纽，数字人文与档案学交叉研究方面，"数字档案馆""档案信息化"成为高频关键词。2020年新修订《中华人民共和国档案法》新增"档案信息化建设"一章，涵盖信息系统建设、数字档案馆建设、档案数字资源共享利用等内容，《"十四五"全国档案事业发展规划》也明确提出"加速数字档案馆（室）建设"以及"加快推进档案信息化建设，引领档案管理现代化"，因此，数字人文背景下，研究探索数字档案馆建设成为档案管理现代化工作的重点，例如，梁继红立足数字人文推动下历史档案整理的时代转型，提出历史档案整理应走向单个文本并将历史档案整理视作历史解释的观点[②]。与之相关，学界基于数字人文视域，着眼于档案知识服务模式转型，社会记

---

① 饶权：《全国智慧图书馆体系：开启图书馆智慧化转型新篇章》，《中国图书馆学报》2021年第1期。
② 梁继红：《走向文本的历史档案数字整理：历史追溯与时代转型（上）》，《档案学通讯》2021年第5期。

忆资源深度开发路径，档案资源的遴选、组织与开发策略等，"数字档案资源""档案利用""档案开发"成为学界研究的热点话题，为进一步实现数字转型档案信息化提供有力支撑，"数字档案馆""档案信息化"将继续成为数字人文与档案学交叉研究的热点方向。

（一）情报学

情报学实质是各种信息的交流，2021年，情报学的发展呈现新的特点，同时也面临新的机遇和挑战，现代情报学研究的重心主要集中于对信息的处理、加工和组织的研究，出现了"Citespace""可视化分析""知识图谱""文献计量""文献计量学""研究热点"等高频关键词。

数据分析与文本挖掘方面，"可视化分析""知识图谱""文献计量"一直受到广泛关注，学界逐渐兴起了运用科学知识图谱的方法把握学术发展前沿，较为关注对文献进行整体特征梳理与功能评价，重视语料库应用在信息检索和信息抽取等领域的广泛应用。文献计量指标作为最基础的指标在情报学研究中存在非常广泛的应用，与之相关的关键词有"引文分析""h指数""评价体系"等。同时，学界更关注文献计量方法本身，例如对已有研究的文献计量分析，反思当前文献计量的应用情况，分析文献计量造成的科研绩效溢价，另有部分学者开始转向对文献计量方法的补充。科学评价方面，学界主要从宏观上梳理了评价研究的发展与变化，聚焦于评价指标和评价模型，重视评价活动本身，尤其是对高校、学科、学者、期刊的学术影响力评价。

知识图谱构建方面，学界将Citespace和VOSviewer等软件引入传统文献计量分析方法，是对传统分析同质化问题的优化方案，

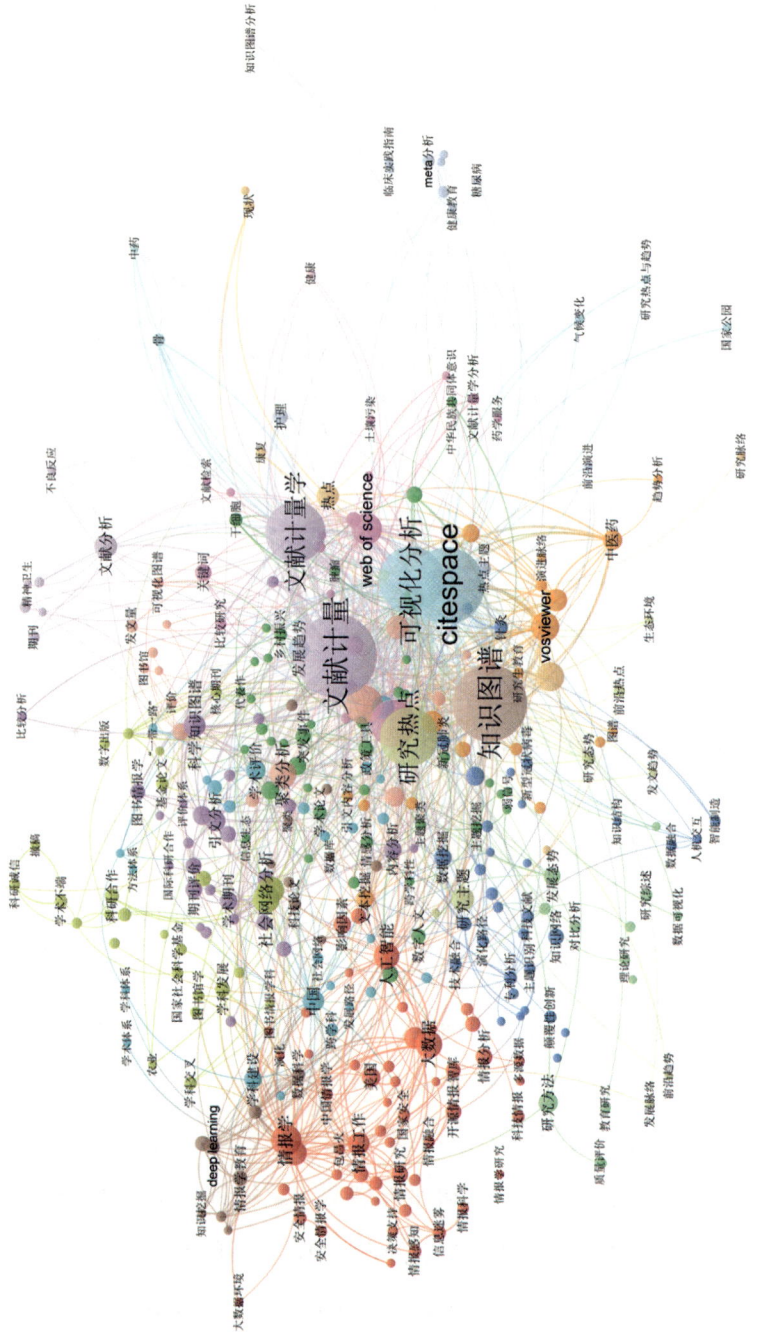

图2-2 情报学研究热点

二 图书情报与档案管理研究

主要是为更精确科学地评价文献内在价值,代表性研究体现在运用情报学可视化分析与文献计量的方法,对各学科前沿热点、发展趋势进行分析;此外,引文分析在共现网络中仍然占据着重要地位,高被引现象一直受到关注,跨学科知识关联研究成为研究热点,在数智时代要深化信息行为和服务模式的研究,实现多学科理论融合、研究方法融合、研究范式创新、研究情景细化和推广。同时,在数据爆炸、信息泛化的时代下,如何自如驾驭变化的信息和数据成为学界研究的难题。

就信息治理而言,以疫情信息为研究对象,展开了一场从中微观的信息管理到宏观信息治理的研究及实践热潮,围绕疫情防控的学术研究成果颇丰,研究聚焦主要包括以下两方面:宏观方面,既有机理、价值等方面的理论探讨,也有对策和解决方案等方面的现实思考等[①];中微观方面,注重各类疫情相关数据本身的管理,如何有效实现疫情防控中信息与数据的真实、可靠、及时、共享与联动协同是学者们普遍关注的重点,同时相关研究还触及了信息管理与数据治理对疫情发展和防控的预测作用。

情报理论研究方面,"人工智能""大数据""开源情报智库"等面向国家战略与重大需求的情报学与情报工作创新发展。一方面,情报学的理论研究应服务于国家的重大战略需求,回顾了情报学理论的发展历程,理解情报基本概念,明确情报的宗旨是解决决策过程中信息不完备的问题,正确认识这一宗旨下的术语多态性,强调数智赋能环境下的交叉创新正在崛起,探讨了交叉创新研究的公共平台、人才队伍、青年学者保障支持和学术评

---

① 《2020年度中国图情档学界十大学术热点》,《情报资料工作》2021年第1期。

价体系等内容，情报研究始终以我国社会经济发展为导向。另一方面，信息行为研究更多关注社会现实问题、国计民生需求，为科技创新提供理论和实证支持，注重构建中国特色的情报学学科体系、学术体系、话语体系，规划情报学科建设的目标、标准和自省，妥善、慎重施加主观干预，在新环境中加强而不是削弱"情报"的实质性研究，在研究"信息"的同时，深化和扩展对"情报"的研究[①]。此外，"国家安全"成为2021年情报学研究中崛起的研究关键词，从服务于国家战略的角度，构建适应于国家战略需求的情报工作制度体系；总定位为国家治理体系和治理能力现代化的情报场景映射；以"大情报观"为总结构中心，以数智情报学为理论基础，以总体国家安全观为行动理念，以"南京共识"为行动纲领，加速制定国内外安全战略和网络安全战略，为国家重大决策提供情报参考。

采用案例分析的方式，将情报学理论应用于社会实践一直是学界的重点研究工作。所用案例充分响应国家重大战略需求，服务于国家建设，将理论与实践相结合，运用情报学领域的理论、方法及技术，从参与式行动理论出发，围绕实践中问题的发现、分析与解决展开，揭示当前社会现实问题涉及的多元影响因素，探究服务于国家战略需求的方案，推进中国特色社会主义体系建设，把握情报理论研究，情报理论与实践互为促进，避免脱离实际的伪创新和急功近利的跟风短视。

(二) 图书馆学

2021年是"十四五"规划建设开局之年，高质量发展被纳入

[①] 马捷、邓君、张卫东、宋雪雁、郭宇：《2021年中国情报学年会&情报学与情报工作发展论坛暨第十一届全国情报学博士生学术论坛纪要》，《图书情报知识》2022年第4期。

二 图书情报与档案管理研究

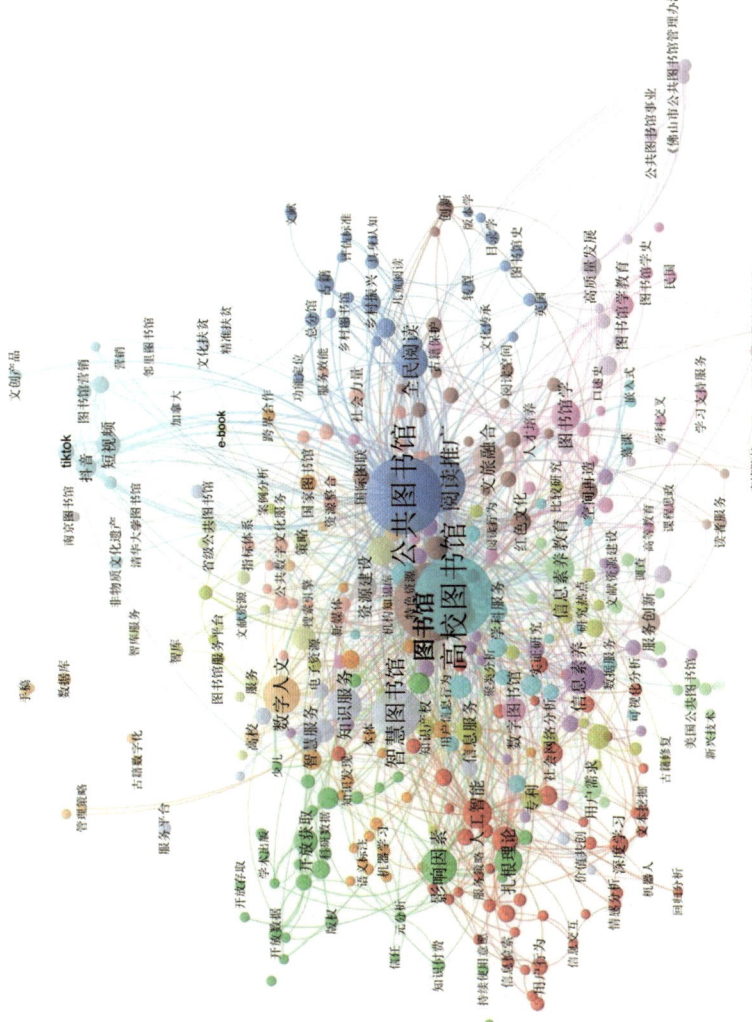

图2-3 图书馆学研究热点

我国图书馆事业发展中。在文化强国、人才强国、科技强国的时代背景下，我国更加重视图书馆建设，"公共图书馆""高校图书馆""专业图书馆"建设和发展的相关理论研究呈不断增长趋势。

2021年国务院《政府工作报告》中提出"倡导全民健身和全民阅读，使全社会充满活力、向上向善"。"全民阅读"连续七年被写入政府工作报告，成为图书馆学研究当之无愧的热门关键词，与其休戚相关的"阅读推广""阅读服务"等关键词亦被频频提及。在研究中，学界普遍认为公共图书馆作为国家公共文化事业体系的组成部分，应当将推动、引导、服务全民阅读作为重要任务。有关阅读推广的活动研究在学界愈发受到重视，各级图书馆依托"4·23"世界读书日、《中华人民共和国公共图书馆法》实施多样化服务，推广全民阅读，引发广大民众实现从阅读意愿到阅读行动的跨越。此外，在开放资源与信息媒介激增的背景下，如何促进公共图书馆服务与现代科技融合发展，更好满足人民多元化需求，服务全民阅读，成为公共图书馆领域研究的重中之重。

2021年是"新文科"建设元年，图书馆作为高校的文献情报中心，具有数量可观、质量可靠的文献信息资源，成为"新文科"建设主要基地。高校图书馆在坚持为学校的教学、科研提供服务的基础上，应用恰当的新技术，升级优化，突破传统服务发展模式，满足用户新的信息需求，使图书馆资源更便于发现、获得、传递，建设成为一座与学校发展相适应的学术活动殿堂。学界从高校图书馆建设出发，提出新时代背景下高校图书馆的价值体系建设、信息素养线上培训的项目化管理、知识产权信息服务、专利智库建设研究等问题，"学科服务""智慧服务"成为该领域研究首要关键词。

二 图书情报与档案管理研究

（三）档案学

与图书情报学相比，档案学研究自身发展具有无可比拟的内在驱动力，在图情档学科研究中相对独立。分析发现，"档案部门""档案事业""红色档案资源"成为 2021 年度档案学研究重要关键词。

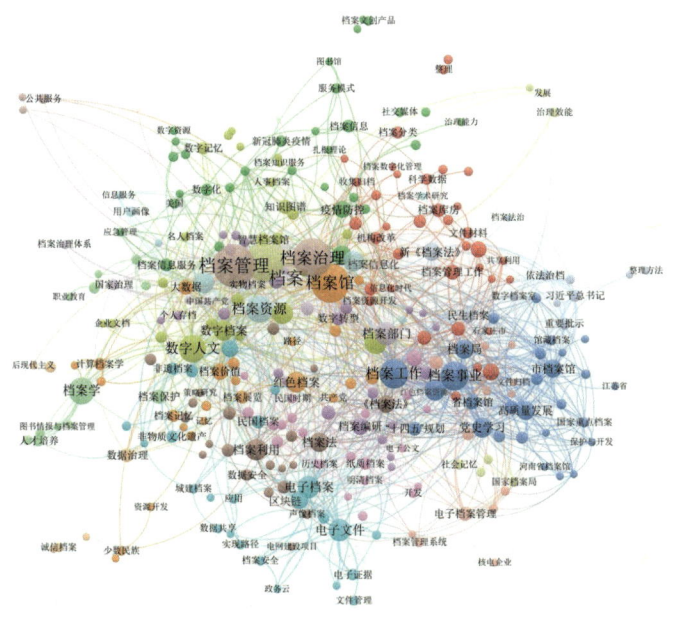

图 2-4 档案学研究热点

各级档案部门在全国档案治理和档案事业发展中，思行合一，坚持发挥档案"存凭、留史、资政、育人"的作用。立法层面，国家档案局全面助力修订、颁布新《档案法》，学者们多从新旧《档案法》比较入手，讨论新时期档案治理、档案开放、档案宣传等热门研究问题，为中国档案事业法制化、专业化、规范化发展聚势赋能。地方档案馆服务建设方面，档案社会化趋向、文件档案管理理论创新、适应疫情防控常态化成为学界讨论热点，为推进档案管理高质量发展提供有力理论支撑。

档案事业方面，"数字化转型"是当前研究热点和未来发展趋势。随着互联网、大数据、语义网、云计算等信息与通信技术的发展，"互联网+"环境下档案业务监督指导方式方法创新、档案数字资源备份策略及可行性验证研究、区块链技术在电子文件归档和电子档案管理中的应用等成为2021年的研究重点，以上研究为档案事业转型和高质量发展提供技术支持，体现出新时期档案工作创新发展具有全局性、紧迫性、突破性和长期性等特征。

2021年是中国共产党成立100周年，国家档案局在全国档案系统组织开展建党百年系列活动，"红色档案资源"成为学界和业界研究热点，得到多层次、多维度的研究。在红色文献整理基础上，学界聚焦《共产党宣言》等文献的传承、开发与利用，探讨从宏观到微观如何借助现代技术，实现红色资源的数据化、情景化和故事化，推动红色专题研究深入发展。同时，学界提出构建"以档说党"的宣传阵地，聚焦具有广泛影响力的档案文化精品，实现红色档案资源传播效益最大化。为党管档、为国守史、为民服务，档案见证了中国共产党百年辉煌历程，大力挖掘红色资源的时代价值成为学界研究的重要方向。

从研究机构看，高等院校是主要研究力量，图情档领域权威机构武汉大学信息管理学院、南京大学信息管理学院、中国人民大学信息资源管理学院、北京大学信息管理系、中山大学信息管理学院、华中师范大学信息管理学院、中国科学院大学文献情报中心、上海大学图书情报档案系、吉林大学管理学院、郑州大学信息管理学院等保持其一贯的学科优势，说明在该领域学术积淀深厚、人才储备雄厚的机构仍然颇具影响。我国图情档领域的知

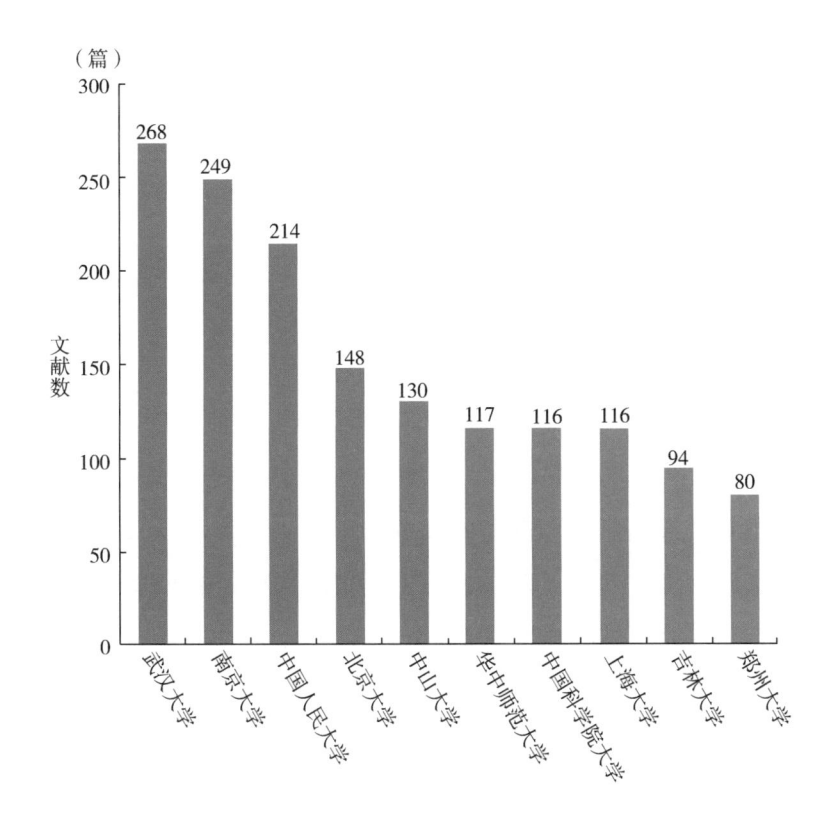

图 2-5 机构发文数量

名学者，如南开大学柯平、南京大学朱庆华、国家档案局蔡盈芳、杭州电子科技大学邱均平等人成为本年度图情档领域研究的高产作者。

总的来说，2021年度图情档领域在坚守传统主题研究的基础上，主要围绕两方面展开：一是积极适应时代变化发展，创新运用现代信息技术，如"数字人文""知识图谱""智慧图书馆"等；二是将图情档理论研究与社会现实相结合，提升数字时代公共文化服务能力。

（执笔：成雅昕）

三　哲学研究

本年度哲学领域代表性文献共 5657 篇，本文将从关键人物、核心话题、研究机构、热点变化四个方面对 2021 年哲学研究热点关键词、研究趋势进行初步分析。

（一）外国哲学

2021 年，外国哲学领域聚焦的重点研究对象依次为："黑格尔""海德格尔""康德""胡塞尔""阿多诺""伽达默尔""列斐伏尔""维特根斯坦""亚里士多德""尼采""本雅明"。

2021 年是黑格尔逝世 190 周年，学界对黑格尔哲学给予了更多关注。据数据显示，以"黑格尔"为关键词的文献发表数量约占外国哲学刊文总数的 38%，"黑格尔"是 2021 年外国哲学研究的最热门人物，涉及的相关主题还包括："马克思""辩证法""形而上学""自由""康德""异化""理性""伦理""道德""现代性""亚里士多德"。

分析黑格尔哲学对马克思主义哲学的深刻影响，一直是学界的重点工作[①]。其中 2021 年涉及两者理论相关性的研究成果约占

---

① 吴宏政：《21 世纪马克思主义世界历史观的叙事主题》，《中国社会科学》2021 年第 5 期。

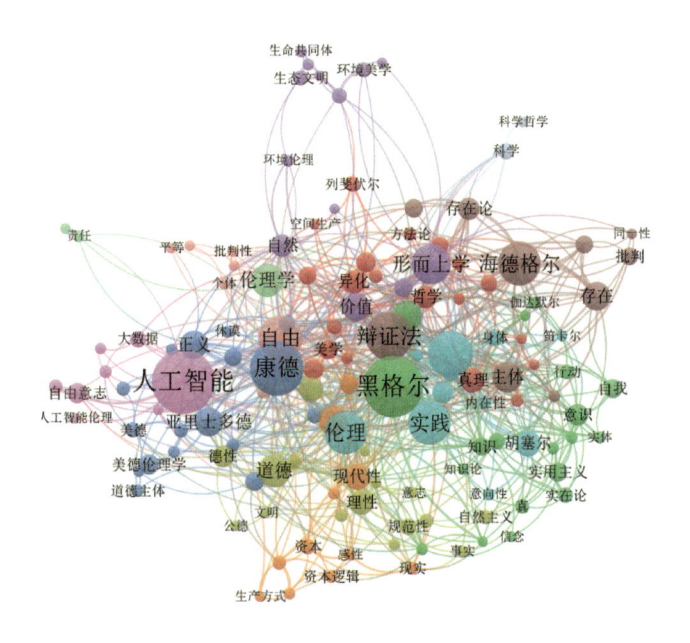

图 3–1　外国哲学研究热点

发文总数的 43%。与往年相比，学界更加强调马克思对黑格尔辩证法思想的继承与发展①，这体现了马克思主义在哲学史上的划时代意义，也让我们更好地理解黑格尔在西方形而上学发展史中无可比拟的重要地位。同时，作为西方传统形而上学的终结者，也是西方最后一位宏大哲学体系的创建者，黑格尔对其后的一切哲学都产生了深远影响②。"辩证法"和"形而上学"向来是黑格尔研究中的核心问题。此外，康德与黑格尔是德国古典哲学领域最重要的两位巨擘，二者比较研究的发文数量约占黑格尔研究总数的 23%。德国古典哲学中最受瞩目的研究议题历来是"自

---

① 张文喜：《从明晰性出发：马克思哲学对黑格尔哲学的超越》，《学术研究》2021 年第 8 期。
② 夏莹：《西方观念论的嬗变与马克思的哲学变革》，《厦门大学学报》（哲学社会科学版）2021 年第 1 期。

由""道德""理性"等，而两位哲学家分别代表了上述研究的两种基本取向。另外，黑格尔多次强调，自己的哲学目标是复活以亚里士多德为代表的古希腊精神，并将其与现代的"主体性"哲学精神融为一体，所以"黑格尔"与"主体"[①]"亚里士多德[②]"等关键词紧密关联。2020年，中山大学召开了"纪念黑格尔诞辰250周年"专题研讨会，会议强调黑格尔研究应以黑格尔哲学体系内部的一致性与整体性为前提，重视黑格尔哲学的内部结构，将黑格尔哲学体系视作一个动态的、完整的、自足的演绎过程。以上观点表明黑格尔研究中体现出了较为明显的方法论转变。按照2021年度的文献统计结果，与往年相比，学界亦不再通过直接引用黑格尔著述中的个别片段来论述其思想，而重在以其本体论的基本结构来展开分析。

在本年度的康德研究中，关键词"自由"与主题关联性最强，以"自由"为主题的研究成果约占康德研究成果总数的24%，其中，"主体"是2021年康德自由哲学研究最关键的线索，以"主体"为核心线索展开分析康德自由哲学的成果约占其总发文量的25%。康德将理性存在者之"主体"作为其理论出发点，将笛卡尔以来的现代主体性哲学推至了高峰。伴随着现代性的分裂状况，主体性哲学在当代呈现出了多元化的论域。随着主体哲学的变化，康德的启蒙遗产要如何迎来再诠释？在此问题意识之下，部分学者分析了主体哲学在当代的主要论域，例如：拉康继承康德主体哲学而开创的精神分析伦理学、齐泽克阐发的"主体

[①] 张一兵：《否定辩证法：探寻主体外化、对象性异化及其扬弃——马克思〈黑格尔《精神现象学》摘要〉解读》，《中国社会科学》2021年第8期。

[②] 荆晶：《辩证法抑或思辨：黑格尔对亚里士多德的解读和批判》，《湖南师范大学社会科学学报》2021年第6期。

性分裂"[1]、基于康德义务论伦理规则的机器伦理[2]、由剩余数据构成的数字外主体[3]等。

2021年，外国哲学研究领域的核心论题依次为："现象学""辩证法""存在""实践""形而上学""主体""自由""真理""语言""异化"。

依统计数据所示，"现象学"相关的文献约占外国哲学总研究的27%，是本年度学界关注的焦点。"海德格尔""胡塞尔"是与"现象学"相关度最高的两位哲学家，但其讨论度较2020年有所下降。同时，米歇尔·亨利的生命现象学获得了较往年更高的关注度。学界正在积极探索现象学与经验科学相融合的路径，以便更好地回应时代问题。例如，倪梁康教授本年度围绕现象学与意识科学、心理病理学、人格心理学、意识学等学科的关联，对意识活动机制和本质展开丰富的探讨，以上问题直接关系到未来人工意识、人工心灵是否有实现的可能。

"本质直观"是本年度现象学研究中最核心的论题。一方面，学界从现象学发展史的角度阐明了胡塞尔的"本质直观"理论在方法论层面对海德格尔、伽达默尔、梅洛-庞蒂等人的深刻影响；另一方面，学界亦致力于在胡塞尔研究的基础上对现象学方法进行重构，以促进现象学方法更好地应用于实证科学中。此外，学界给予了胡塞尔晚年代表作《笛卡尔式的沉思》更多的关注[4]，主要探讨了笛卡尔的主体性转向对胡塞尔的深刻

---

[1] 孔明安、石立元：《论驱力主体的生成与解放逻辑——从康德的根本恶到齐泽克的恶魔之恶的反转》，《马克思主义与现实》2021年第4期。
[2] 李楠：《机器伦理的来源》，《伦理学研究》2021年第1期。
[3] 蓝江：《外主体的诞生——数字时代下主体形态的流变》，《求索》2021年第3期。
[4] 迪特·洛玛、张浩军：《还原的观念——胡塞尔的诸还原概念及其共同的"方法论"意义》，《哲学分析》2021年第4期。

启迪，以及胡塞尔现象学对当今形而上学、心灵哲学、心理学、神经科学发展的影响。

本年度外国哲学研究领域内以"形而上学"为主题的成果约占总发文量的10.3%。在本年度的形而上学研究中，与关键词"形而上学"关联度最高的关键词是"海德格尔"。海德格尔在现代欧洲的视域下，将现代性界定为"虚无主义的形成"，他以政治、语言、形而上学、美学等多种进路完成了"在的反思"。技术时代下，日新月异的科技在造福人类生活的同时，其造成的秩序同质化的问题也日趋明显。这也是海德格尔最忧虑的困境：人类与自己的生存本质正在背道而驰。本年度，学界重思了以海德格尔形而上学为轴心的现代性意识问题[1]、伦理学问题[2]、语言的诗化功能问题、现象学方法与反思技术时代的问题[3]等，其中，45%的研究成果以梳理海德格尔哲学的概念史为主要方法。以上主题体现出了一个中心问题意识：在技术飞速发展的同时，我们应如何坚守技术与价值的统一，换言之，如何寻求生存论与伦理学的统一？海德格尔的生存论转向、诗化语言转向可以为中国当代重新阐释生存论问题提供宝贵资源。

2021年，与关键词"阿多诺"共现频率最高的关键词是"非同一性"。阿多诺对德国古典哲学、德国现象学传统进行了否定性的内在批判，本年度学界最关注阿多诺对海德格尔基础存在论的批判，其成果数约占发表文献总数的29%。在阿多诺的理解

---

[1] 林琳：《海德格尔论技术时代的空间危机》，《学术探索》2021年第1期。
[2] 张志伟：《重思伦理学与形而上学之间的关系——以海德格尔哲学为"视阈"》，《道德与文明》2021年第1期。
[3] 董军：《海德格尔技术之思及其当代启示》，《学习与实践》2021年第9期。

下,海德格尔对"存在"(Sein)和"语言"之间关系的否定性表达忽略了语言自身的主体性[①],正因如此,阿多诺转向了与海德格尔不同的黑格尔诠释道路,将主客体之间的关系进行了"非同一性"的诠释[②],将黑格尔哲学中经验概念的基础界定为纯粹劳动的哲学表达,从而,生存论在形而上学的层面上克服了海德格尔的抽象性特征[③]。

此外,伴随着人工智能蓬勃发展,大数据时代下人的生存论转向、伦理转向成了学界日益核心的话题。2021年以"人工智能"为主题的哲学研究成果数量较2020年约上升了28%,其中,针对"人工智能伦理"问题的分析在2021年更加集中在人工智能认识论研究、算法时代的新型统治形式研究的论域内,相关发文量分别约占该主题成果总数量的27%和23%。就人工智能认识论研究而言,哲学与神经科学、机器学习等学科的交叉研究特征日益明显,"意识的高阶表征理论"[④]成为此论域中最受瞩目的理论,探讨包含该理论的研究成果数量约占相关成果总数的38%,与之关联强度最显著的要点包括:人工智能高阶自动化与其类主体性[⑤]、道德图灵测试[⑥]、功能等价意义上人工智能对意识的模拟[⑦]等。就大数

[①] 刘少明:《对同一性批判的批判——阿多诺对海德格尔基础本体论解读的缺陷》,《哲学研究》2021年第12期。
[②] 王晓升:《海德格尔"存在"概念中被遮蔽的语言维度——阿多诺的分析及其启示》,《华中科技大学学报》(社会科学版)2021年第1期。
[③] 谢永康:《经验的客观内涵——阿多诺对黑格尔唯心主义的阐释》,《哲学研究》2021年第7期。
[④] 罗志达、李羽基:《克里格尔论现象意识及其自身表征》,《四川师范大学学报》(社会科学版)2021年第3期。
[⑤] 涂良川、乔良:《人工智能"高阶自动化"的主体可能性——兼论人工智能奇点论的存在论追问》,《现代哲学》2021年第6期。
[⑥] 张子夏、薛少华:《斯派洛的"图灵分类测试"》,《自然辩证法研究》2021年第9期。
[⑦] 吴童立:《人工智能有资格成为道德主体吗》,《哲学动态》2021年第6期。

据时代的新型统治形式研究而言，数字化生存样态和算法社会的技术神话也为全球政治治理能力提出了新挑战①；本年度探讨新兴科技治理伦理及措施的文献数量约占相关成果总数的15%，其中约三分之一的文献将本年度最显著的人工智能治理危机指认为舆论伦理危机。

2021年，我国外国哲学研究领域中发文较为集中的机构包括：中国人民大学哲学院、复旦大学哲学学院、南京大学哲学系（宗教学系）、北京大学哲学系（宗教学系）、浙江大学哲学学院、中国社会科学研究院哲学研究所、华东师范大学哲学系、中山大学哲学系、吉林大学哲学社会学院、清华大学哲学系。中国人民大学哲学院是2021年度外国哲学领域研究成果最丰富的研究机构。一方面，该机构主要围绕"海德格尔""福柯"等研究对象展开探讨；另一方面聚焦于当今科技发展动向、伦理转向等领域，主题涉及"人工智能""算法""全球化""话语建构""媒体"等关键词，体现出现实关怀。本年度中国社会科学院哲学研究所对于当代应用伦理学、古典伦理学的讨论较去年更为集中，发文量也明显提升。南京大学哲学系（宗教学系）则长期重点关注当代西方激进左翼思潮②，本年度南京大学哲学系（宗教学系）依然主要围绕该方面展开研究。

就关键人物而言，外国哲学领域研究热度最高的哲学家在2020年是"海德格尔"，在2021年则是"黑格尔"。与2020年相比，关于"哈贝马斯""柏拉图""笛卡尔""波兰尼"等人的发

---

① 王前、曹昕怡：《人工智能应用中的五种隐性伦理责任》，《自然辩证法研究》2021年第7期。

② 苏丹、蓝江：《2021年西方左翼思想译介盘点》，《中国图书评论》2022年第1期。

文数量略有下降，关于"列斐伏尔""本雅明"的发文数量则明显上升。其中，列斐伏尔的社会空间理论得到了学界的特别关注，成为本年度学界讨论现代社会文化建构新形态的重要视角。列斐伏尔的社会空间理论既是其理论内部从日常生活批判转向历史唯物主义的节点，又是当代西方马克思主义的理论出发点。空间在理论界不再仅仅是事件发生的载体，空间自身的结构意义和生产意义得到了重视①，以此阐发出的"三维辩证法"成了本年度列斐伏尔理论研究的热点②。与此同时，以列斐伏尔的"空间生产批判"为理论框架分析中国当代社会日常生活问题的文献约占发表成果总数的18%。

就核心论题而言，与2020年相比，2021年"主体间性""正义"等关键词讨论量有所下降，"语言""异化"等关键词讨论量增多。如今，分析哲学与当代伦理学、政治哲学、技术哲学的关系日益紧密。分析哲学之所以在全球盛行，不仅在于其形式，亦在于英美国家的文化权力。"异化"是黑格尔对后世影响最深远的理论之一，更是我们在后疫情数字化时代中理解自身、理解社会中异己性力量的关键线索③。与关键词"异化"共现频率最高的关键词有："马克思""历史唯物主义""人工智能""《1844年经济学哲学手稿》""海德格尔"。相关关键词的共现频率与往年保持平稳，这表明马克思主义哲学、海德格尔技术哲学依然是学界分析异化问题的主要进路。此外，与往

---

① 陈波、宋诗雨：《虚拟文化空间生产及其维度设计研究——基于列斐伏尔"空间生产"理论》，《山东大学学报》（哲学社会科学版）2021年第1期。
② 克里斯蒂安·施密特、杨舢：《迈向三维辩证法——列斐伏尔的空间生产理论》，《国际城市规划》2021年第3期。
③ 徐英瑾：《数字拜物教："内卷化"的本质》，《探索与争鸣》2021年第3期。

年不同的是，本年度与关键词"异化"共现频率明显增高的关键词包括："空间生产""空间正义""弗洛姆""韩炳哲"[①]。这表明，数字化时代主体生产化、个体价值的空虚化问题在中国学界得到了更多的关注。

总之，随着技术的发展，资本、政治权力的运作逻辑也在发生着变化，如何理解和应对新变化？如何在新变化中保证个人的主体性与尊严？这将是当代学界必须回答的核心问题。

（二）中国哲学

2021年，中国哲学研究领域的关键人物依次为："孔子""庄子""朱熹""王阳明""老子""孟子""荀子""康有为""章太炎""梁启超"。

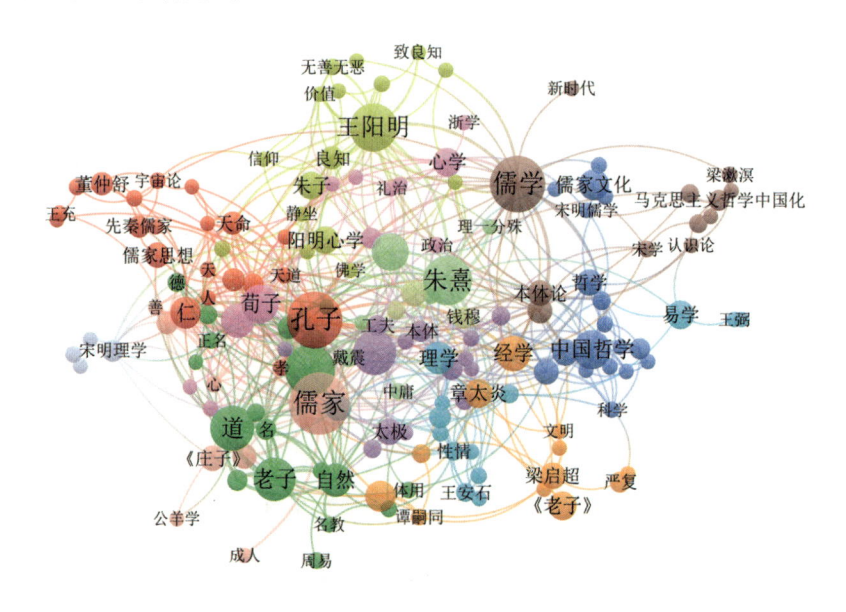

图3-2 中国哲学研究热点

[①] 关巍：《他者的消失与自我的毁灭——韩炳哲论资本宰制下数字化时代的人类命运》，《马克思主义与现实》2021年第6期。

三 哲学研究

根据数据显示，"孔子"相关文献发表数量约占本年度中国哲学研究成果总数的24%，其中，"仁""孟子""《论语》""荀子""老子""自然""康有为""天命""礼""现代性"等关键词与"孔子"关联度最高。本年度的孔孟比较研究约占孔学研究总数的19%，主要在德性伦理学的视域下探究孔孟观念的异同；在孔子与荀子的比较研究中，学界则更侧重于在政治哲学的论域中展开讨论。"论语学"研究数约占孔学研究总数的13%，关键词"朱熹"与其出现频率最高，本年度，学界更加关注朱子对于《论语》中通达君子境界路径的阐释，讨论朱熹对《论语》实践维度之阐发的研究成果约占相关文献发表总数的63%，相关高频共现关键词包括："礼""中和""孝""胡瑗""共治""和而不同"等。在《论语》相关论域之内，学界对康有为的公羊学、《论语》的成书史及流传史亦关注较多。现代民族国家的"康有为方案"是以公羊学学脉出发的[①]，其民族主张也是他和同时代救国学人的交锋中最旗帜鲜明的特点之一。

儒道观念比较研究向来是中国哲学的基本话题之一，因此"老子""自然"等关键词亦与"孔子"有着较高关联度，本年度儒道观念比较集中于政治哲学领域。其中，以晚清近代学人的争锋为切入点的儒道观念研究成果数量约占儒道比较研究成果总数的20%，共现频率最高的关键词为"康有为""章太炎""谭嗣同"。此外，将儒道思想资源作为一个整体去思考中国当代问题的成果数量约占"儒道研究"领域发表成果总数的40%，其涵盖的主要问题包括：儒道思想资源对当代全球政治理论危机的贡

[①] 刘庆乐：《从治公羊学到奉"衣带诏"：重审民族国家建构中的"康有为方案"》，《孔子研究》2021年第2期。

献、儒道伦理思想对现代制度的启示、中国哲学独立的哲学史建构等。

近年来，学界兴起了近代儒学研究热潮，该领域研究成果颇丰，学者重点关注康有为、章太炎、梁启超等人从国学经典出发构建出的政治哲学观念，其中，关键词"康有为"与关键词"政治哲学"共现频率最高。详论而言，研究康有为对现代民族国家建构的直接讨论的成果约占文献发表总数的45%，其关联强度较高的关键词有："国教""大同""民族"等，康有为的"世界主义""文化民族"革命观在其思想史中的定位[①]、在《大同书》中对仁孝与公天下之间纽带关系的重估[②]等话题，在本年度都有了新的阐释；与此同时，研究康有为关于中国古典思想学脉考证的文献数量约占发表总数的40%，其共现频率最高的关键词包括："《康子内外篇》""改制""君权""转型""法术势""墨子"等。康有为在《康子内外篇》中对传统经学与西学的创新性诠释[③]，不仅是晚清学人对中国现代化制度的首批构想，而且还是西方"民主""自由""平等"思想在中国的首批阐释路径。此外，康有为的托古改制思想牵动着国学结构性的转变，对先秦诸子的历史地位、学术形象、思想价值、个中关系都进行了再诠释。先秦诸子在近代的学术形象转型初现，是我们理解近代社会转型、理解现代中国之渊源的重中之重。

研究近代儒家政治哲学，不仅是我国传统思想史研究的重要

[①] 干春松：《民族、国民与国家——康有为、章太炎关于建立现代国家的分歧》，《孔子研究》2021年第4期。

[②] 陈涛：《中国近代思想中的"公天下"：以康有为著述为中心》，《广东社会科学》2021年第2期。

[③] 段炼：《"势生理，理生道"：〈康子内外篇〉的学术立场与政治态度》，《天津社会科学》2021年第2期。

环节，更对如今全球化视域下的中国政治哲学话语建构具有重要价值。近代学者对"国家""民族""平等""公民"等话题的探讨，对当今中国社会仍有极大启发意义。除儒家政治哲学之外，学者亦通过近代儒者的理论著作来探讨儒道关系、儒家经学与先秦诸子之间的理论渊源，如章太炎的《菿汉微言》、康有为的《孔子改制考》等。针对章太炎研究，学界对章太炎佛老思想研究的讨论成果约占此领域发表成果总数的56%，与之共现频率最高的关键词分别是："《齐物论释》""《国故论衡》""华严宗"。佛老之学在章学中的合参互济[1]，是晚清学人面对"三千年未有之大变局"时浓墨重彩的一笔，其"群独"理论建构[2]、"齐物哲学"新释，不仅能成为当时国人理解平等、民主的路径[3]，而且实质上也已经达成了基于中国古典学脉反思、超越现代性的理论目标。在本年度学界对此学脉的探索中，以"真谛—俗谛"框架为理论聚焦的研究成果约占2021年章学研究文献总数的三分之一。此外，在今年，《膏兰室札记》的七页佚失卷文稿校订完毕，为章学研究提供了新的基础资料。

2021年，在"现代性"论域中，"儒学与现代性的关系"这一话题较受瞩目。这一话题最早源于马克斯·韦伯1904年出版的《新教伦理与资本主义精神》。自20世纪70年代"多元文明论"兴起以来，中国学界一直致力于阐发儒家思想的当代价值，促进中西哲学的交流对话与融会贯通。文献统计结果显示，在中国哲

---

[1] 李智福：《章太炎〈齐物论释〉之经典解释学—释义学初探》，《杭州师范大学学报》（社会科学版）2021年第2期。
[2] 马洁、杨明：《章太炎"群独"思想及其当代启示》，《江苏行政学院学报》2021年第5期。
[3] 干春松：《民族、国民与国家——康有为、章太炎关于建立现代国家的分歧》，《孔子研究》2021年第4期。

学论域内，与关键词"现代性"关联强度最高的关键词分别是："伦理""主体""心性"。其中，2021年在"现代性"论域内以"伦理"为关键词的研究成果约占该论域内成果总数的14%，学者从儒家的人本理念、角色伦理学、制度伦理学、美德伦理学、个体理念、道德境界等多个方面，为当代中国法治社会、道德建设提供思想资源，为世界现代化论域、伦理学领域提供全新的"中国视角"。与此同时，以"主体"为关键词的儒学现代化研究成果约占文献发表总数的23%，重构儒家"主体性"意涵是儒家精神在现代方式中得以展开的基础，本年度学界聚焦的相关关键词包括："戴震""泰州学派"。此外，儒家心性论传统一直以来都面临着理论建构与实践之间的鸿沟，这也是儒家传统伦理与现代自由主义对话的困难所在，本年度以"心性"为探讨核心的研究成果约占成果总数的8%。

2021年，中国哲学研究领域出现频次最高的关键词依次为："儒学""道""易学""《论语》""经学""自然""理学""阳明心学""太极""现代性"。关键词"道"主要有道家哲学与儒家道学传统两种含义。以"道"为关键词的文献发表数量约占本年度中国哲学研究总数的18%，与之相关的关键词有："老子""庄子""圣人""自然""儒家""道家""气""理""无为"。其中，道家哲学论文约占中国哲学研究总数的12%，主要包括《道德经》《庄子》疏证及道家概念史梳理；自19世纪以来，老庄哲学在西方哲学界备受关注，曾对黑格尔、谢林、海德格尔等人的理论产生了重要影响。因此，学界亦以此线索展开比较研究，丰富了中国哲学的阐释路径。儒家道学传统相关成果约占研究总数的6%，较2020年而言有所下降。道学研究主要包括道

三 哲学研究

统、性道、士大夫政治身份认同三层含义，当前学界更专注于对性道之学进行哲学史范式化的建构。

《易经》是"经之首、道之源"，"儒道两家同源于《易》"是学界的共识。本年度，与《易经》文本分析相关的关键词主要包括："地""自强不息""上博简""《阜阳汉简〈周易校释〉》""《程氏墨苑》"。与此同时，分析易学对儒学之影响的研究成果约占易学研究总数目的51%，与之关联性最强的关键词分别为："太极""阴阳""三才""仁道""心"等，主要集中于宋明理学的论域之中。其中，在易学论域内，与关键词"朱熹"共现频率最高的关键词包括："义理""理一分殊""《周易述补》""胡瑗""惠栋"等，其中，关键词"惠栋"在2021年首次显现出较高的出现频率。黄宗羲之后，易学经历了一次彻底的批判，至清中叶，惠栋等汉学家使没落良久的易学得到了新的复兴[①]。他继南宋易学以"概念"以通"义理"之法，"以经学济理学之穷"[②]的学术特色由此发扬开来，较往年而言，此易学思想脉络得到了学界更多的关注。

除了周敦颐、张载、二程、朱子等宋明理学代表人物对易学的阐发之外，今年学界较多关注易学对心学的影响，例如阳明心学中以"良知即是易"为基础的体用观，以王畿、颜钧、罗汝芳等人为代表的阳明后学的释易走向等。此外，释易研究约占易学研究总数的37%，主要聚焦于象爻关系、爻辞含义等。2021年，在山东大学易学与中国古代哲学研究中心主办的"第二届《周

[①] 姜广辉、肖永贵：《从全面批判到强势回潮——清初至清中叶象数易学的发展脉络》，《周易研究》2021年第2期。

[②] 林存阳、周轩：《由"概念"以通"义理"——陈淳、惠栋和戴震对理学的建构与解构》，《中国哲学史》2021年第5期。

易》古经本义及其解读方法总结与探索前沿论坛"上，学者再次强调了易学在中国伦理学、美学、本体论、宇宙论、解释学中的奠基性地位。

2021年，中国哲学研究领域中发文较为集中的机构包括：中国人民大学哲学院、山东大学哲学与社会发展学院、北京大学哲学系（宗教学系）、华东师范大学哲学系、四川大学哲学系、清华大学哲学系（宗教学系）、南京大学哲学系（宗教学系）、复旦大学哲学院、中山大学哲学系、武汉大学哲学学院。其中，中国人民大学哲学院是2021年度中国哲学领域发文量最大的研究机构，该机构侧重于从中国哲学经典古籍出发，来建构中国哲学史的当代形态，这也是目前中国哲学发展中亟待解决的问题。山东大学哲学与社会发展学院则更侧重于阐发儒家传统思想的当代精神价值，该议题不仅有利于促进中国哲学自我革新，更对我国的现代生活方式、当代社会道德、法律规范等方面具有指导意义。

与2020年相比，本年度中国哲学研究关键词整体变化不大。2020年学界聚焦于"修身""工夫""礼""体用"等话题，在2021年学界关注点则转变为现代性问题，如"劳动价值观""美学理论""梁漱溟""道德哲学""现代仁爱观"等，体现出学界致力于促进时代精神与中华优秀传统文化相结合。

其中，针对梁漱溟先生的研究主要聚焦于关键词"礼俗""生活""唯识学"等。"新礼俗思想"是梁漱溟先生有关儒家式现代治理模式的一种尝试进路，以"礼俗"思想为关键词的研究成果约占本年度该领域文献发表总数的38%。在梁漱溟先生的理论构想中，"礼乐"应作为社会组织与社会教化的主要手段，中国文化中的礼乐文化根源要与西方的团体、科学精神达成一种良性融合，从而达成一种新型的中国生活秩序。[①] 关于"唯识学"，本年度学界主要关注了梁漱溟先生对东西方"时间"观念的发展，相关文献数量约占本年度该领域成果发表总数的25%。在梁漱溟先生的哲学体系中，"时间"范畴有西方意志主义、直觉主义、生命哲学、佛教唯识学等多种考量维度[②]。梁先生以中、西、印三大文明的历史成因入手，提出了"新三量学"，形成了新儒家学脉中独树一帜的文化哲学方法论[③]。

（执笔：唐静琰）

[①] 马飞、黄晗：《梁漱溟的新礼俗思想：一种儒家式现代化治理模式》，《哈尔滨工业大学学报》（社会科学版）2021年第6期。

[②] 方用：《"意欲持中"与"重当下"：梁漱溟的"时间"之思》，《同济大学学报》（社会科学版）2021年第1期。

[③] 庞博阳、陈清春：《论梁漱溟文化哲学中的三量说》，《五台山研究》2021年第4期。

四　马克思主义理论研究

2021年马克思主义理论研究热点特点鲜明，通过分析9740条代表性文献，本文发现2021年马克思主义理论研究的中心热词为"中国共产党"，同时"建党百年""建党精神""党的建设""党史"等热词与之紧密相关。2021年是中国共产党成立一百周年，在这样一个历史节点上，多数研究选择以"建党百年"为主题，"人民至上"是中国共产党百年奋斗的初心与使命，坚持人民至上，是中国共产党取得百年重大历史成就的关键所在。"马克思主义中国化"以及与之相关的"习近平""习近平新时代中国特色社会主义思想"等是马克思主义中国化方向的热点关键词。"历史唯物主义"等经典理论以及"马克思""恩格斯"等经典人物及思想一直是学界的关注点。关键词分析图以"中国共产党"为中心，向四周呈放射状分布；以"建党百年"为主线，模块间联系密切。

（一）建党百年

2021年马克思主义理论研究的最热词依然为"中国共产党"，以"中国共产党"为关键词的文章有2222篇，是热度最高的关

四　马克思主义理论研究

键词。依据中国知网的关注度指数分析图，各领域关于中国共产党的研究也在2021年达到一个最高值。

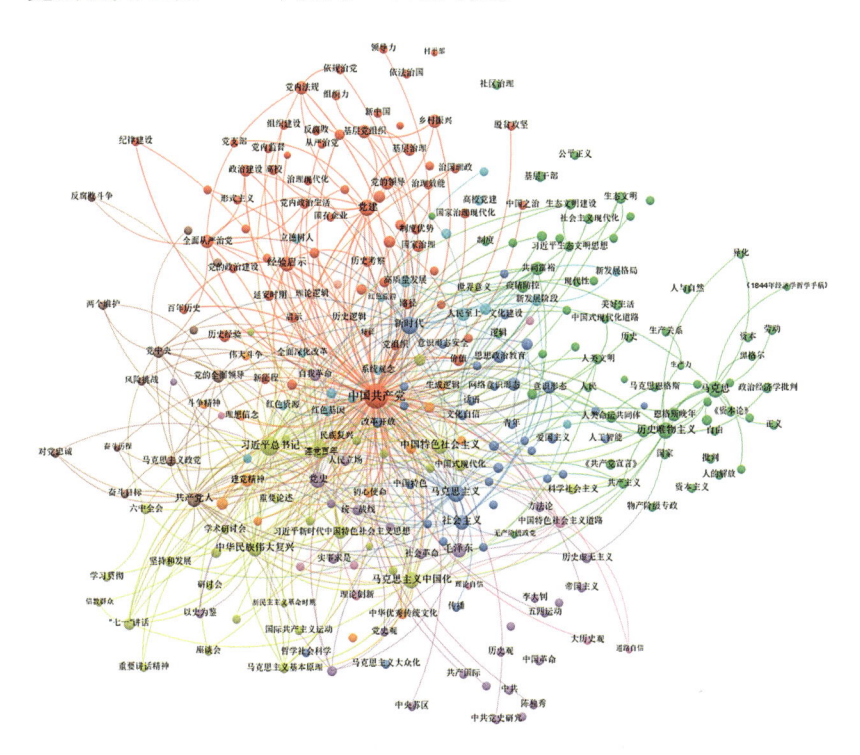

图4-1　马克思主义理论研究热点

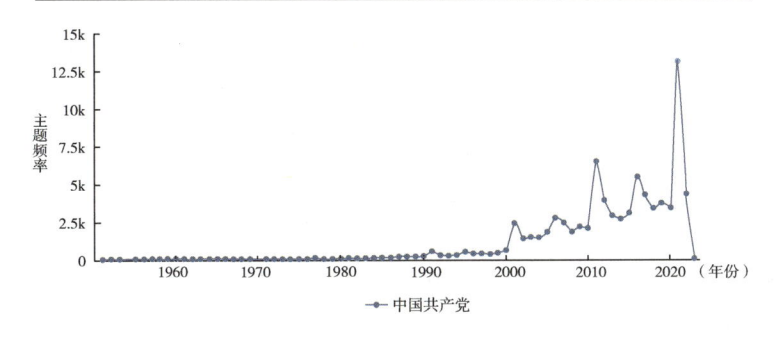

图4-2　中国共产党关注度指数分析

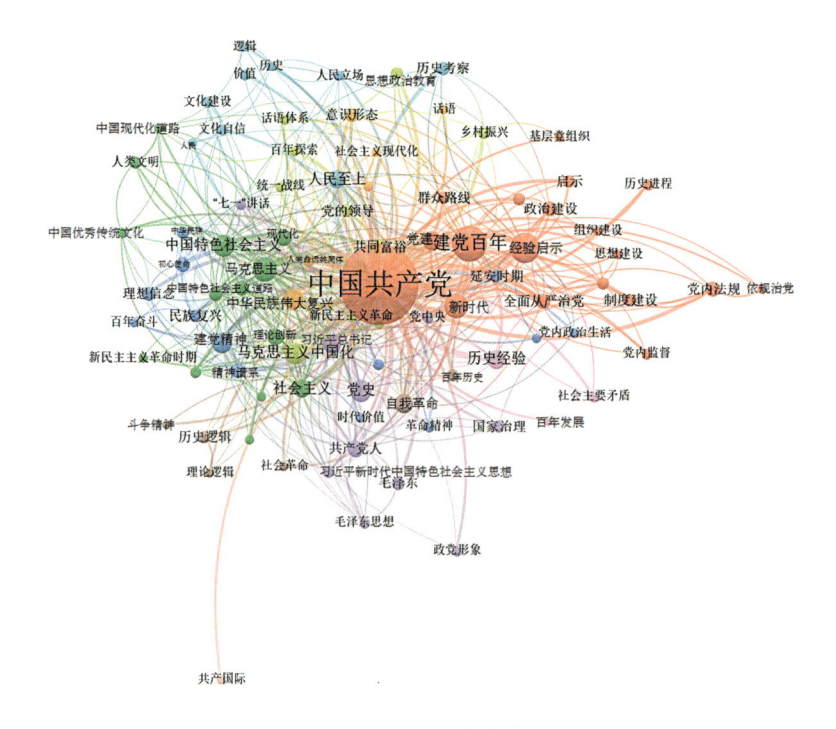

◇◇◇ 中国人文社会科学学术关键词分析报告(2021年度)

图 4-3 中国共产党

中国共产党在马克思主义理论研究中的中心地位是历史决定的，其是马克思主义理论的引入者、发展者与实践者，开启马克思主义中国化的发展进程，可以说一部中共党史，就是一部马克思主义中国化的历史。中国共产党团结带领全国人民取得新民主主义革命的胜利，完成社会主义改造，进行改革开放，完成脱贫攻坚，全面建成小康社会，完成了第一个百年奋斗目标，现在正向着第二个百年奋斗目标不断前进。中国共产党与马克思主义命运相连，是马克思主义理论研究的关键内容，中国共产党成立100周年不仅在国内引起了极大的反响，在国际上也备受关注。正是在这样一个历史背景与时代背景下，以"中国共产党"为关键词的文章在 2021 年达到一个顶峰。

四 马克思主义理论研究

总体上看，与"中国共产党"联系的关键词主要有两个方向，一是围绕"建党百年"展开的"经验启示""马克思主义中国化""建党精神""党史"等关键词。学者以"建党百年"为主题，探索百年建党的诸多成就，总结历史经验与历史规律，研究内容涉及构筑中国共产党精神谱系、推动经济发展、坚定理想信念等多方面。二是"人民至上""群众路线""全过程人民民主"等与人民群众密切相关的关键词。

首先，围绕"建党百年"开展的研究内容广泛，共有585条代表文献。建党百年的重要历史地位要求学界对中国共产党的百年历程征程做总结性研究。学者从不同历史时期、内在逻辑、价值体现、经验启示等方面，研究了党的政治建设、思想建设、组织建设、制度建设、作风建设五个方面；同时，教育治理现代化与党的建设的相互促进、系统化视域下的党的建设也是学者关注的方面。党的建设这项伟大工程是贯穿党的发展始终的，建党百年之际，对党的建设历程进行回顾是必要的。另外，学者主要从载体、传播媒介、动力机制以及在全媒体时代如何推进等方面来深入探讨了马克思主义中国化、时代化、大众化，并梳理了百年反贫困实践的历史经验。

"建党百年"的重要时代意义要求深入开始党史教育。2021年2月20日，习近平总书记发表了《开展党史学习教育突出重点》的讲话并前往全国各地考察，发表了一系列关于"做到学史明理、学史增信、学史崇德、学史力行"的讲话。在热潮之下，文章多数以探究党史资源学习与运用的着力点、内容、路径、研究价值与意义以及经验启示为主要内容。

"建党精神"的提出为研究提供了新内容。2021年7月1日，习近平总书记在庆祝中国共产党成立100周年大会上的讲话中提出了"坚持真理、坚守理想、践行初心、担当使命、不怕牺牲、英勇斗争、对党忠诚、不负人民的伟大建党精神"[①]。建党精神以及中国共产党人的精神谱系也成为一个重要的研究内容,关于建党精神的代表性文章有97条,学者探讨了伟大建党精神的生成逻辑、构成要素、深刻内涵、弘扬路径、价值意义等方面,"建党精神"也出现在党的二十大报告的主题之中,"建党精神"这一关键词在2022年也将是研究的关注点之一。

其次,"人民至上"是另一主要研究角度。以人民为中心是中国共产党的执政理念,人民立场是中国共产党的根本立场,"建党百年"要求探究中国共产党的成功秘诀,关于人民至上的文章有187篇。2021年关于"人民至上"的关注度达到一个新高,不仅是马克思主义理论研究关注,其他各个领域关于这方面的文章也有所增加。人民性是马克思主义的鲜明特性,马克思主义政党始终是为人民的利益而奋斗,这也正是中国共产党与其他政党的鲜明区别。而中国共产党一经诞生就把为中国人民谋幸福,为中华民族谋复兴作为自己的初心和使命。"人民至上"是中国共产党的执政理念,抗疫、脱贫攻坚等无不体现这一思想。中国共产党团结带领全国各族人民摆脱贫困实现共同富裕的百年奋斗史就充分体现着"人民至上","人民至上"在马克思主义理论中占据重要地位是必然的。

"人民至上"的相关研究也有着不同的着重点,学者研究较为集中的点在于"人民至上"在中国共产党体育观、基层党组织

---

① 习近平:《习近平谈治国理政》第四卷,外文出版社2022年版,第7页。

四 马克思主义理论研究

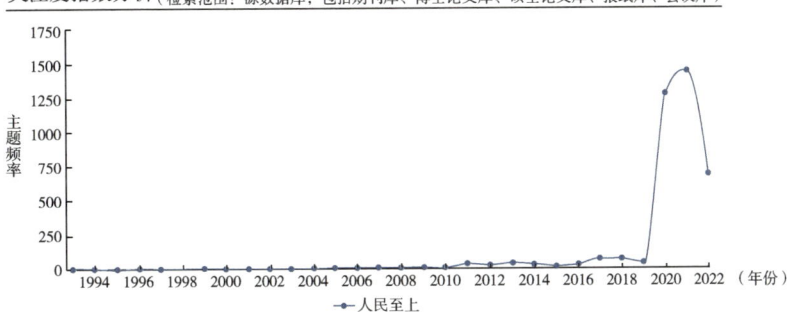

关注度指数分析（检索范围：源数据库，包括期刊库、博士论文库、硕士论文库、报纸库、会议库）

图 4-4 人民至上关注度指数分析

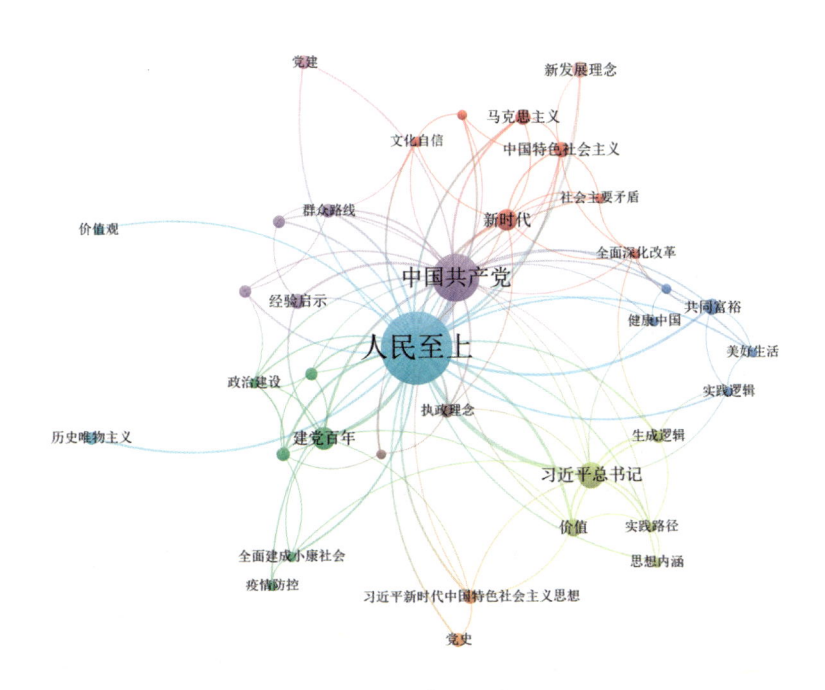

图 4-5 人民至上

建设、中国共产党执政百年对人民立场的坚守、习近平总书记关于"人民至上"论述等方面。学者在"人民至上"的研究中多从其理论渊源与实践、历史变革、实践成果以及时代启示等方面展开。再者，"共同富裕""社会主义现代化""新发展阶段""新发展理念""新发展格局"等热词都与"人民至上"密切联系。

习近平总书记在中国共产党成立一百周年大会上的讲话中提出,"江山就是人民,人民就是江山,打江山,守江山,守的就是人民的心"①。"中国共产党根基在人民、血脉在人民、力量在人民。中国共产党始终代表最广大人民根本利益,与人民休戚与共、生死相依,没有任何自己特殊的利益,从来不代表任何利益集团、任何权势团体、任何特权阶层的利益。"② 马克思主义理论就是关于人的解放的理论,2022 年新出版的《习近平谈治国理政》第四卷中《坚持人民至上》《民心是最大的政治》《打江山、守江山,守的是人民的心》《民之所忧我必念之,民之所盼我必行之》等文章都强调要坚持"人民至上"。在党的十九届六中全会上通过的《中共中央关于党的百年奋斗重大成就和历史经验的决议》(以下简称《决议》)中也将"坚持人民至上"作为中国共产党百年奋斗的十大历史经验之一,而这也体现出"人民至上"将继续是 2022 年马克思主义理论研究的热词。

(二) 马克思主义中国化

在百年历程中,我们取得了重大理论成就,对马克思主义中国化百年历史成果进一步总结与挖掘是历史与时代的要求。以"马克思主义中国化"或"中国化的马克思主义"为关键词的代表性文献有 266 篇,相较于前五年,其数量在 2021 年有较大增长。相关的热词有"两个结合""两个创造""'七一'讲话""中国特色社会主义""习近平""习近平新时代中国特色社会主义思想""传统文化""马克思主义基本原理"等。

---

① 习近平:《习近平谈治国理政》第四卷,外文出版社 2022 年版,第 9 页。
② 习近平:《习近平谈治国理政》第四卷,外文出版社 2022 年版,第 9 页。

四 马克思主义理论研究

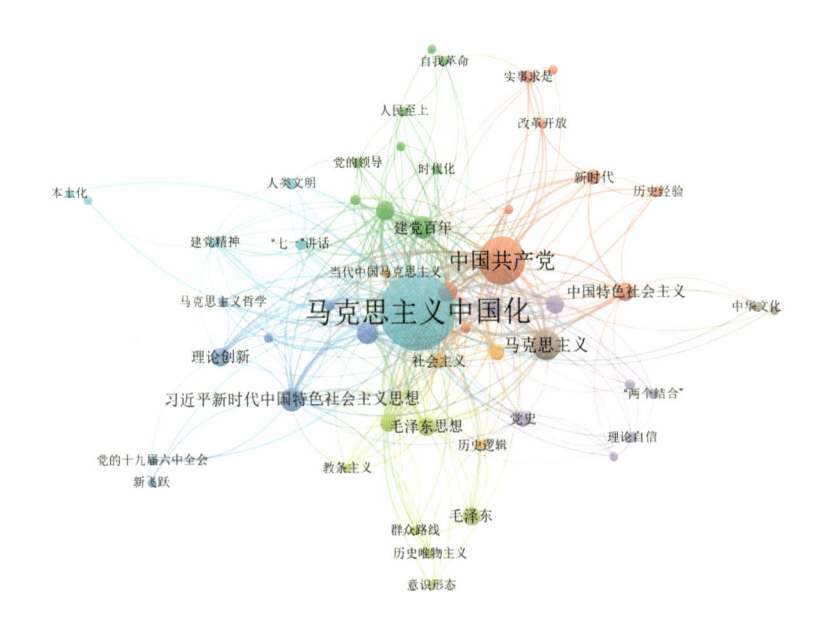

图 4-6 马克思主义中国化

两个结合。马克思主义中国化的百年历史就是一部中国共产党将马克思主义基本原理同中国具体实践、中华优秀传统文化相结合的历史。1938年10月，中共六届六中全会上，毛泽东在《论新阶级》中正式提出"马克思主义中国化"这一概念。2021年7月1日，习近平总书记在庆祝中国共产党成立一百周年大会上的讲话（以下简称"七一"讲话）中提出"坚持把马克思主义基本原理同中国具体实际相结合、同中华优秀传统文化相结合"[①]的马克思主义中国化发展新路径。"两个结合"的理论一经提出就引起了学界的巨大反响，关于"两个结合"的文章涌现出来，同时关于马克思主义基本原理以及中华优秀传统文化的研究也有了一定的增加，研究角度有了新的突破。近

---

① 习近平：《习近平谈治国理政》第四卷，外文出版社2022年版，第10页。

年来关于中华优秀传统文化的文章也不在少数，其关注度也不断升高，至今为止，从中国知网数据库关于中华优秀传统文化的热点分析图来看，在2021年达到一个顶峰状态。学者研究了从"一个结合"到"两个结合"的理论创新，分析"两个结合"的内在规律与内涵。

两个创造。在"七一"讲话中，习近平总书记提出了"两个创造"，即"我们坚持和发展中国特色社会主义，推动物质文明、政治文明、精神文明、社会文明、生态文明协调发展，创造了中国式现代化新道路，创造了人类文明新形态"[1]。"两个创造"的提出引起了学界的关注，学者针对中国式现代化新道路的"新"的内涵、内在逻辑以及中国共产党对中国式现代化新道路的探索历程进行研究，并探讨了中国式现代化新道路与人类文明新形态之间的关系，同时，人类文明新形态的形成、特征、内涵以及其与中国特色社会主义、与中国共产党之间的关系也引起了学者的关注。中国的现代化进程从封建社会末期开始，百年来中国共产党在这方面提出了众多理论成果，创造了中国式现代新道路。党的二十大报告中，习近平总书记又对"中国式现代化"的特征与本质要求等方面作了新的论述，学界也会持续关注与研究中国式现代化。除此之外，"七一"讲话本身是马克思主义的纲领性文献，是2021年马克思主义理论研究的一个关注点，关于"七一"讲话的重要内容、价值、意义方面等的文章也有一定数量。

新的历史飞跃。《决议》提出，"习近平新时代中国特色社会

---

[1] 习近平：《习近平谈治国理政》第四卷，外文出版社2022年版，第10页。

四　马克思主义理论研究

主义思想是当代中国马克思主义、二十一世纪马克思主义，是中华文化和中国精神的时代精华，实现了马克思主义中国化新的飞跃。"① 聚焦"新的飞跃"，学者探讨了毛泽东思想与马克思主义中国化的第一次飞跃，中国特色社会主义理论体系与马克思主义中国化的第二次飞跃以及习近平新时代中国特色社会主义思想与马克思主义中国化的新的飞跃。《决议》是一篇中国共产党的百年奋斗成就的总结性文献，更是一篇马克思主义的纲领性文献，这也将成为马克思主义理论于2022年一个极为重要的研究热点。

同时，"中国特色社会主义""习近平""习近平新时代中国特色社会主义思想"等关键词也是学界的关注点。

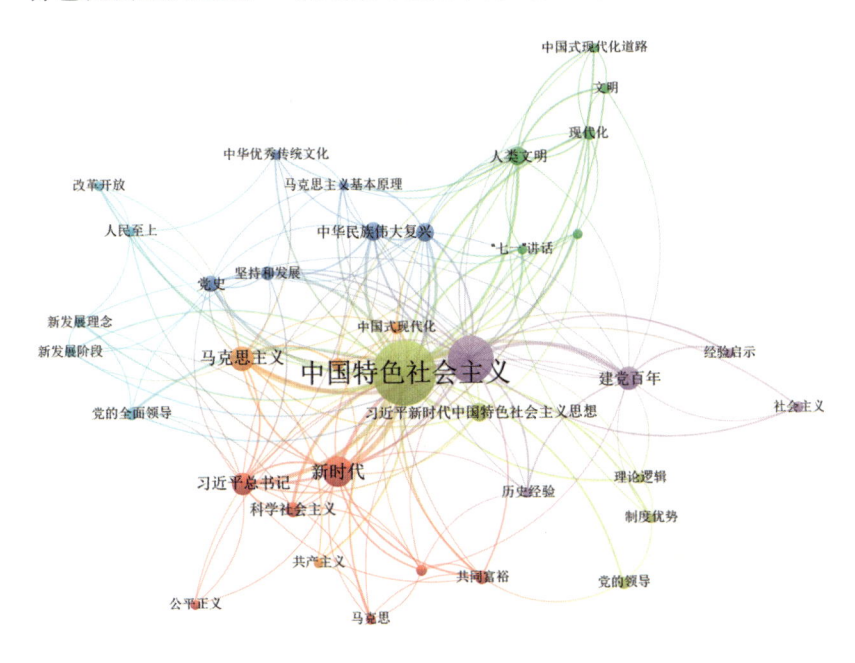

图4-7　中国特色社会主义

---

① 《中共中央关于党的百年奋斗重大成就和历史经验的决议》，《人民日报》2021年11月16日第1版。

"中国特色社会主义"是马克思主义中国化中极为重要的组成部分。而"习近平新时代中国特色社会主义思想"是中国特色社会主义的重要指导思想，这三者是密不可分的。马克思主义理论研究中以"中国特色社会主义"为关键词的代表性文献有373篇。与"中国特色社会主义"密切相关的关键词有"中华民族伟大复兴""中国式现代化""改革开放""新发展理念""新发展阶段""新发展格局"等。

以"习近平"或"习近平总书记"为关键词的文章有834篇，重点在于对习近平总书记重要论述的分析，分别从"建党百年""'七一'讲话""建党精神"等与中国共产党成立一百周年等相关方面展开。"马克思主义""马克思主义中国化""马克思主义基本原理"等理论建设方面的关键词也有一定数量；"全面从严治党""治国理政""党建""党的全面领导"等一直是学界的关注所在。

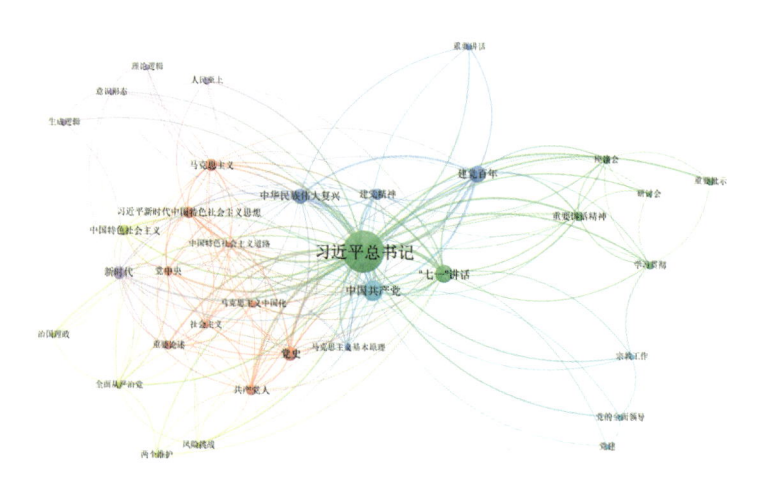

图 4-8 习近平总书记

以"习近平新时代中国特色社会主义思想"为关键词的文章

有194篇,其主要是集中在整体性、贯通性、逻辑理路、基本范畴等方面的探究。其次,习近平生态文明思想是习近平新时代中国特色社会主义思想的重要组成部分。党的十八大以来,生态文明建设不断推进,"绿水青山就是金山银山"这一论断也一直是习近平生态文明思想研究的重点,2020年9月提出了"碳达峰""碳中和"的新理论新思想,2022年7月《习近平生态文明思想学习纲要》出版,在2022年的研究中可能也继续受到学界的关注。最后,"毛泽东思想""历史唯物主义""群众路线"等关键词与"马克思主义中国化"相互联系。以上关键词都是从马克思主义中国化的百年历史维度来研究的,体现出学者对该类问题的关注。

(三)经典理论与经典作家

"历史唯物主义"是马克思主义经典理论中受关注最多的关键词,以"历史唯物主义"为关键词的代表性文章有330篇。历史唯物主义是马克思主义的新世界观与方法论,与其相关的研究涉及多个方面。首先,马克思与恩格斯对历史唯物主义的提出、阐发、运用和发展,其经典篇章中关于历史唯物主义的内容一直是学界关注的重点,例如《1848年至1850年的法兰西阶级斗争》中的革命理论、立足《曼彻斯特笔记》与《布鲁塞尔笔记》探究历史唯物主义的经济学背景、基于《资本论》的政治经济学批判等方面;其次,历史唯物主义视域下的马克思的劳动理论、正义观、幸福观、传播技术批判、人的解放、政治经济学批判也是学界的关注点。再次,从历史唯物主义的视域分析西方马克思主义者的思想,或国外马克思主义学者对历史唯物主义的思考的文章同样有较多的数量。将"恩格斯"与"历史唯物主义"联系起来的文章也占据一定数量，恩格斯青年时期对于唯物史观创立以及晚年对唯物史观的发展，都是本年度研究的重要内容，"《共产党宣言》""《反杜林论》"都是与之相联系的关键词。

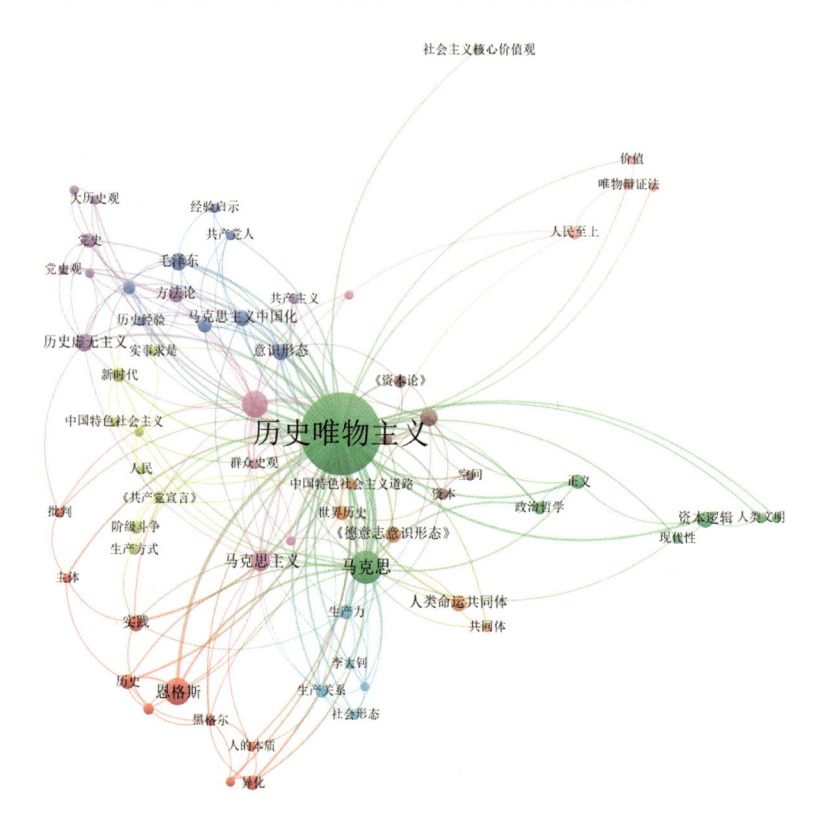

图 4-9　历史唯物主义

历史唯物主义是马克思主义的基本理论，同时也是我们所要中国化的重要内容，"习近平新时代中国特色社会主义思想""习近平""马克思主义中国化""中国共产党""当代中国马克思主义"等关键词与"历史唯物主义"联系密切。习近平总书记所提出的大历史观是以历史唯物主义为基础的，在唯物史观视域下的中国现代化研究、中国特色社会主义研究一直是学者研究的重要

四 马克思主义理论研究

角度。

马克思恩格斯及其思想是马克思主义理论研究的经典内容，其经典著作以及思想理论一直占据着极为重要的位置。

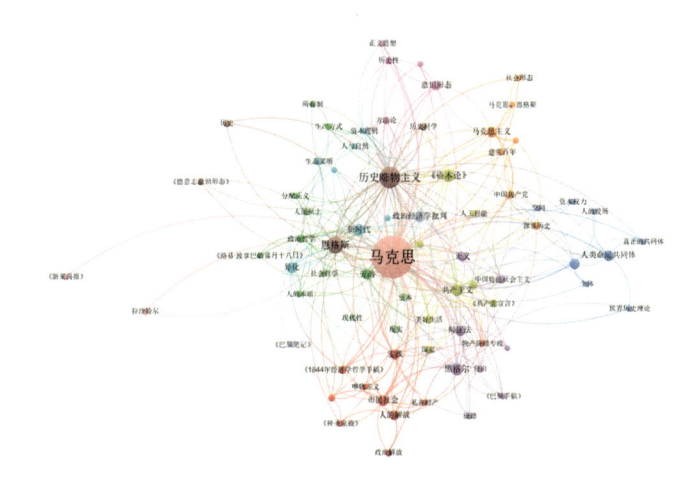

图 4-10 马克思

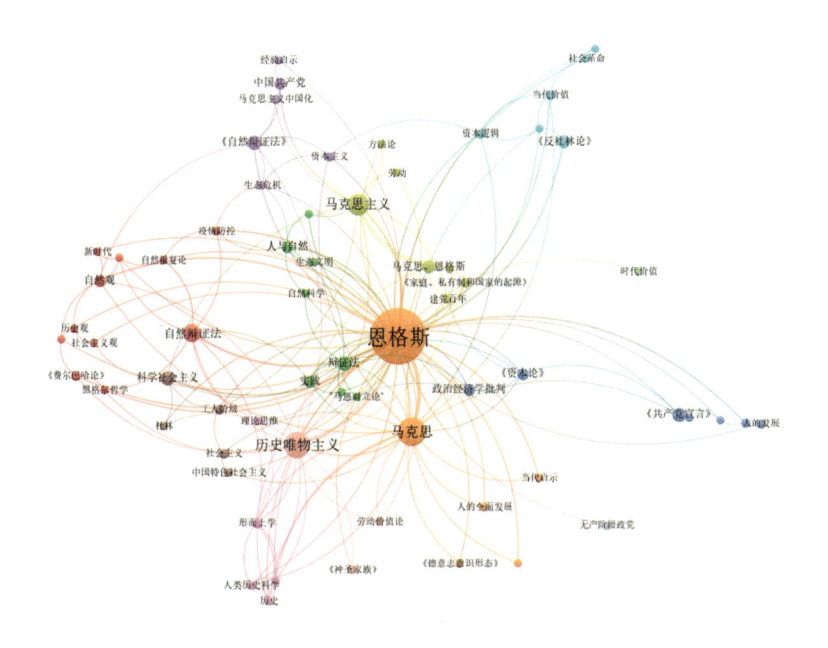

图 4-11 恩格斯

作为马克思主义的创始人，马克思恩格斯一直是马克思主义理论研究的中心人物，以"马克思"为关键词的文章有507篇，以"恩格斯"为关键词的文章有183篇。关于马克思恩格斯及其思想的研究范围非常广泛，研究角度众多，且联系密切，许多文章将马克思恩格斯的思想作为整体研究。马克思主义理论历来重视文本解读，从经典文献中理解基本原理也是马克思主义理论研究的基本方法。针对"《1844年经济学哲学手稿》"的文本解读主要是人与自然、异化理论、共产主义问题探析等方面。与"《德意志意识形态》"相关的文章角度多样，例如人与共同体的关系、意识形态的探讨、认识论、生态观等，"《家庭、私有制和国家的起源》"是恩格斯论述分析国家的重要文章，在2020年的关键词分析中，也受到了较多的关注。"《资本论》"被誉为是"工人阶级的圣经"，一直备受关注，学者对《资本论》中所蕴含的生产理论、意识形态批判理论、生态理论、资本逻辑、政治经济学批判等内容进行了探讨，同时也有文章阐释了《资本论》在中国的传播发展、其对中国共产党经济建设思想百年发展的影响。另外，"《黑格尔法哲学批判》""《英国工人阶级状况》""《德法农民问题》"等都受到了学界的关注。

以马克思恩格斯的重要思想为研究对象，是另一个研究角度，关于"共同体""自然辩证法"等思想的研究也占据一定的比例。

首先，共同体研究。马克思批判了资本主义的"虚假的共同体"，在《共产党宣言》中提出"自由人联合体"这样一个"真正的共同体"的概念，多篇文章探讨了马克思关于三种共同体的历史审视，马克思所说的"真正的共同体"与习近平总书记所提出的"人类命运共同体"是相通的,"人类命运共同体"是对"自由人联合体"的继承与发展。现在,学界对人类命运共同的关注也比较密切,所以与共同体相关的文章能够有一定数量。再者,关于"人与自然""自然辩证法""生态文明"等关键词也有一定数量。研究主要围绕《自然辩证法》展开,关于恩格斯的《自然辩证法》的文章即有15篇,探讨当中的生态伦理意蕴、生命共同体思想、人与自然的关系等,探索这些思想对今天生态文明建设的重要影响。习近平总书记不断强调生态文明建设,更是提出"绿水青山就是金山银山"的重要论断,自新冠疫情暴发以来,人与自然关系的论题也一直是学界关注的热点。

(四)中华民族伟大复兴

在2021年,"中华民族伟大复兴"是关键词研究的最终项,所有关键词的探究,最后都是为了实现中华民族的伟大复兴。以"中华民族伟大复兴"为关键词的文章有381条。与之相关联的关键词有"习近平总书记""新时代""全面建成小康社会"等与发展密切相关的词语,有"中国共产党""红色基因""文化自信""党的领导""百年奋斗"等与中国共产党相关的词语,有"中国式现代化道路""中国特色社会主义道路""新发展阶段"等与中国现代化建设关联的词语,有"马克思主义""马克思主义中国化""马克思主义基本原理"等与理论建设有关的词语。"七一"讲话中,习近平总书记提出,"一百年来,中国共产党团结带领中国人民进行的一切奋斗、一切牺牲、一切创造,归结起来,就是一个主题,实现中华民族伟大复兴"。党的二十大报告中提出,"为全面建设社会主义现代化国家、全面推进中华民族伟大复兴而团结奋斗"①，中华民族伟大复兴不仅仅是2021年的研究热词，在以后的马克思主义理论研究中，也将深入研究。

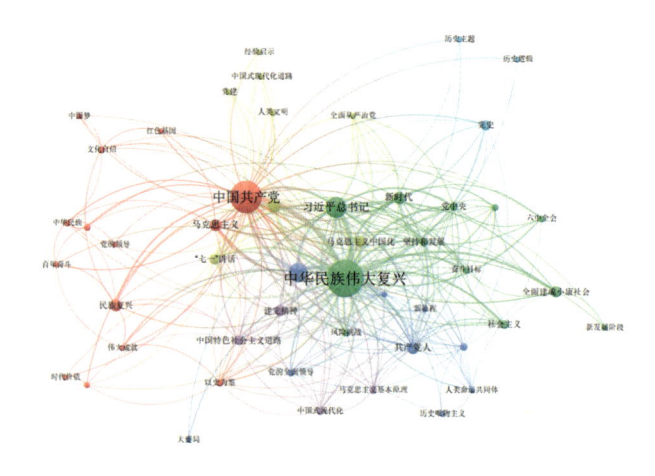

图4-12 中华民族伟大复兴

（五）机构与学者

机构与学者方面，中国人民大学马克思主义学院、中共中央党校、武汉大学马克思主义学院、北京大学马克思主义学院、北京师范大学马克思主义学院、复旦大学马克思主义学院、南京大学马克思主义学院、吉林大学马克思主义学院等学院及研究院为马克思主义理论研究做出了重要的贡献。

华东师范大学齐卫平、华南师范大学陈金龙、中国人民大学刘建军、北京师范大学王炳林、中国社会科学院大学金民卿、南京师范大学王永贵、中国人民大学杨凤城、山东大学张士海、中国人民大学何虎生、武汉大学唐皇凤是今年发文量较多的学者。

---

① 习近平：《高举中国特色社会主义伟大旗帜　为全面建设社会主义现代化国家而团结奋斗——习近平同志代表第十九届中央委员会向大会作的报告》，《人民日报》2022年10月16日第1版。

四　马克思主义理论研究

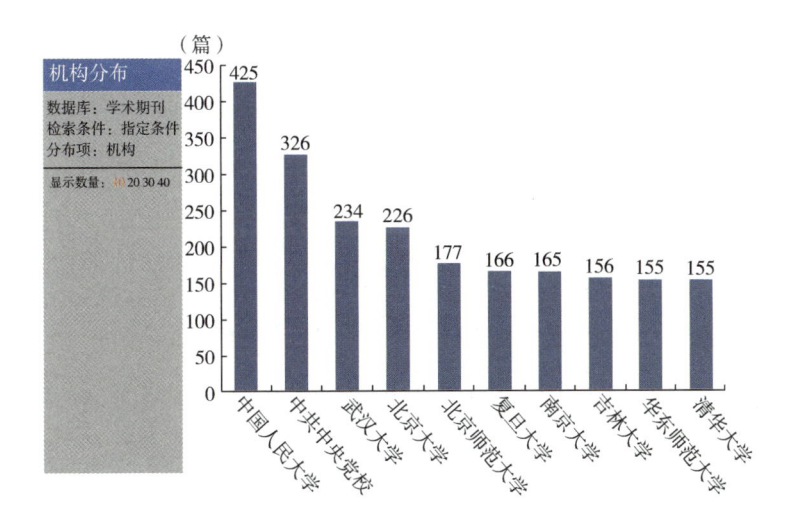

图4-13　机构分析图

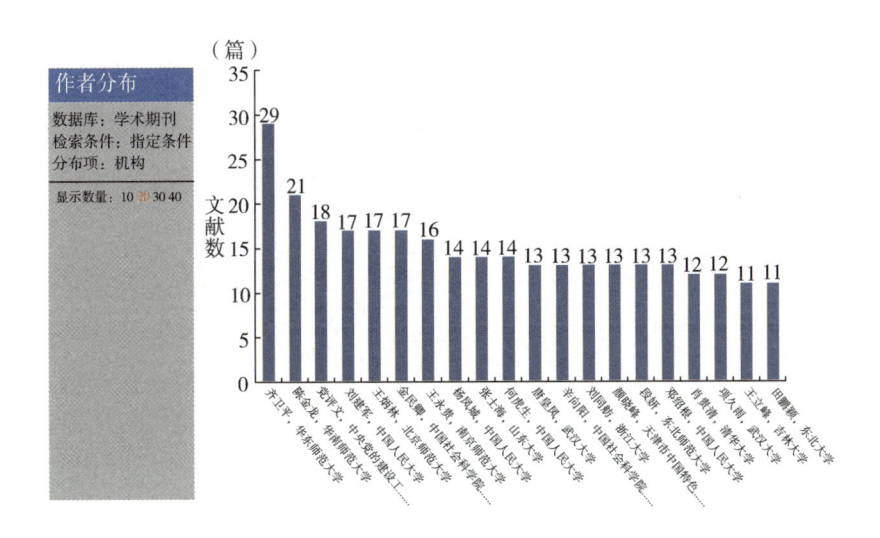

图4-14　学者分析图

以上关键词是2021年马克思主义理论研究的具有特点的关键词，与2020年相比，"中国共产党"仍然是最热的关键词；关于"中华民族伟大复兴""新时代""党建""脱贫攻坚""乡村振兴"的研究也保持一定热度，但"思想政治教育"与其他研究方向相比，关注度有所下降，"党史""建党百年""建党精神""人民至上"等关键词在 2021 年的关注度有所提升。

通过对 2021 年马克思主义理论研究的分析，可总结如下：通过与 2020 年研究的对比，主要研究方向不变，而具体研究内容始终与时代发展保持一致，具有一定的时代性。马克思主义理论研究的不变在于，一是"中国共产党"是马克思主义理论研究热词。二是马克思主义理论经典著作仍然是学界关注的重点，研读马克思主义经典著作是研究马克思主义理论的必要条件。三是中国化时代化的马克思主义理论研究一直是学界研究的关注点。2020 年的马克思主义理论研究中，与新冠疫情相关文章的较多，而在 2021 年，"建党百年"引发广泛关注，"人民至上""马克思主义中国化"等这些方面都与建党百年有着密切的联系，这也正体现出马克思主义理论的与时俱进，党的理论研究与马克思主义中国化时代化的研究将在以后的研究中得到学界更多的关注。

（执笔：伊妍雪）

五　中国史研究

本部分对 2021 年度中国历史 6833 篇论文抽取分析。总体而言，断代研究各有特色；研究专题中"中国共产党"高居榜首，"一带一路"成果丰硕；历史人物最热词语为"乾隆"；"唯物史观""口述史"为史学理论研究的聚焦点；区域研究关注"边疆"，历史文献研究的最热词为"《史记》"。具体内容将在下面分别详述。

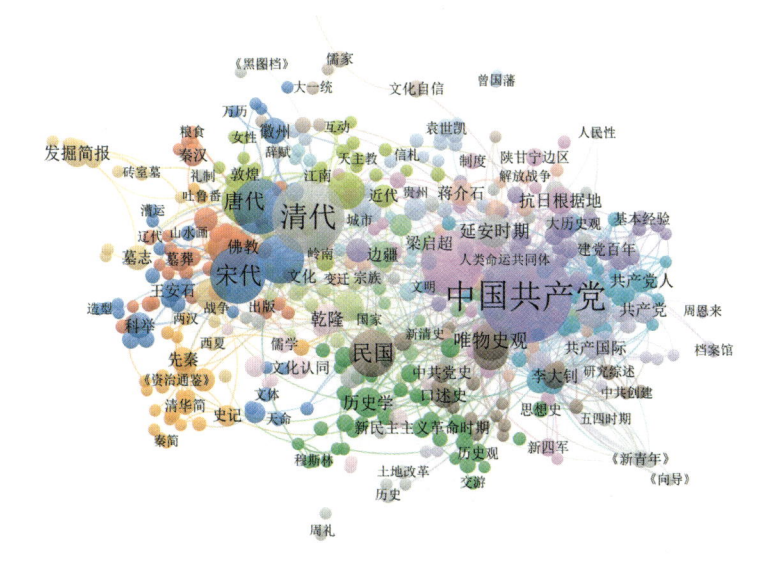

图 5-1　中国史研究热点

(一) 断代研究热词

根据统计数据，2021年断代史关键词热度依次为：清史、明史、宋史、唐史、汉史、元史、先秦史、魏晋南北朝史、金史、西夏史、辽史、五代史。该次序延续了"详近略古"的基本态势，对大一统王朝的关注也明显高于短期分裂政权，基本与各断代、政权的史料留存状况相符，这也是历史学研究基于史料的根本特点。总的来说，各断代不约而同地关注了边疆地区、对外交流，这也是对时代命题的回应。参见图5-2：

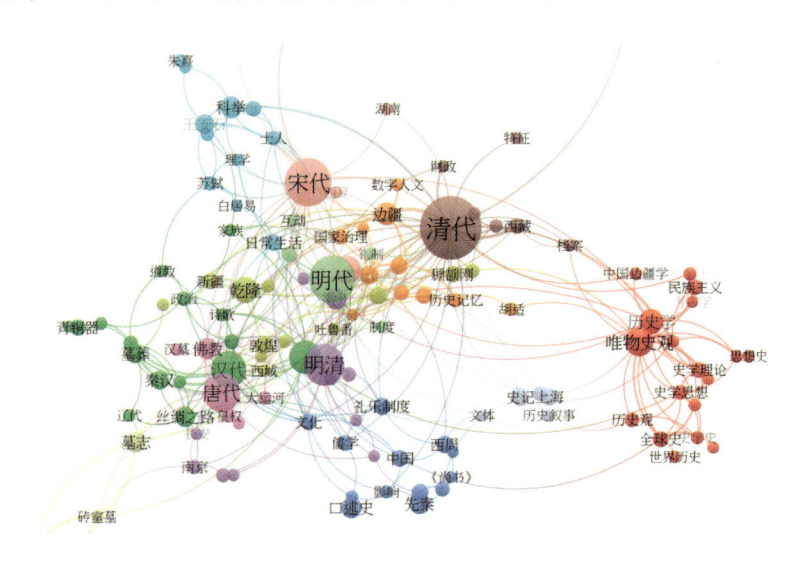

图5-2 古代史研究热点

关键词图谱展现各断代研究特色与风格，清史学界对"边疆"的探索愈发重视，并带动"新疆""西藏""云南"等边境区域关键词研究热度，反映了学界对研究方向的进一步扩展。[①] 对边疆地区研究的深入，既有呼应"一带一路"、国家主权等命

[①] 马大正：《清代中国边疆治理研究》，中国社会科学出版社2021年版。

题的现实意义，也有利于进一步挖掘相关的国际关系史，以及启发更早断代的边疆史研究等学术意义。对乾隆的研究也是清史研究的重要议题，在古代史的诸多帝王中，乾隆统治时间最长且时段靠后，因此留下了大量史料，其在民族关系、对外交往、国家治理等重大议题上也颇具争议性，成为大陆史学界与海外新清史角力之处。① 在乾隆研究的基础上，不仅可以切入清代前中期的经济社会变迁，对其他清代帝王的研究也可以通过比较的方法展开，有利于整个研究的以点带面。

明史研究发扬目光向下的传统，对"地方社会"给予较多关注。明代修志之风盛行，地方政府刻书多为志书，形成了"天下藩镇州邑，无不有志"的盛况，为该领域的讨论提供丰厚的史料基础。其中"江南""徽州"为关注焦点。"江南"是明清时期经济、文化最为发达的区域，集中反映江南农业、商业、市镇、赋役和社会生活等领域的论著尤为突出。而新一代明清社会史学者从接受学术训练之初，"皆以从读江南的研究论著开始，或从读江南的历史文献开始"②，这一学习方式也反过来带动了该领域发展。另一关键热词"徽州"[3] 研究则依托丰富的徽州文书，具体地反映历史、文化、社会发展以及生产、劳动、商业、社会交往、风俗习惯、宗教信仰等状况，是历史学目光向下实践的重要场域，实现将区域日常生活聚焦在历史学的显微镜下，放大、重现和传递普通人生动真实的生活经历和精神体验，从而完成见微

---

① 常建华：《大清：一个首崇满洲的复合性中华皇朝》，《清史研究》2021年第4期。
② 刘志伟：《溪畔灯微：社会经济史研究杂谈》，北京师范大学出版社2021年版，第153页。
③ 阿风：《明末清初田宅交易税契制度的演变——以徽州文书为中心》，《江海学刊》2021年第4期。

而知著、由特殊到一般的历史认识过程。

宋史图谱中聚焦历史人物，"王安石"①"苏轼"②"朱熹""欧阳修"名列其中，尤其2021年是王安石诞辰一千周年，这也使得对王安石本就热烈的讨论更上一层楼。宋史对历史人物的关注，既延续和发扬自邓广铭先生"四传二谱"人物史书写的特征，展现学术传承的脉络，也与宋代关于士人群体的史料遗存更多有关。除此之外，政治制度史和思想文化史表现出彩，科举制度、财政制度、职官制度相关的论著基本涵盖宋代各朝，围绕儒道佛思想的互动、理学蕴涵也出现较多讨论。

唐代、汉代研究中也以边疆为重点领域，其中唐代研究较多关注"敦煌"③与"吐蕃"，汉代研究则体现在对"丝绸之路"④研究的重视上。该研究领域的不断拓展，不仅受"一带一路"倡议的稳步推进，而且也与敦煌文书、汉代简牍等出土文献系统整理密切相关。唐代与汉代研究整体而言，都更为关注传统文献与出土文献的互证，在"墓志"⑤"汉画像砖"的研究上愈发深入。

先秦的研究主要集中在史料留存较多的西周与春秋战国，研究关键词为"儒学"⑥"《尚书》"⑦"清华简"⑧"礼乐制度""青

---

① 刘成国：《新出墓志与宋代文学研究的拓展——以王安石为核心的考察》，《北京大学学报》（哲学社会科学版）2021年第1期。
② 刘力耘：《宋代士大夫灾异论再认识——以苏轼为切入点》，《史学理论研究》2021年第6期。
③ 刘进宝：《敦煌学对中古史地研究的新贡献》，《中国社会科学》2021年第8期。
④ 王子今：《汉简与河西社会交往史新识》，《中国社会科学》2021年第1期。
⑤ 拜根兴、林泽杰：《新出隋唐之际李祯墓志关联问题探微》，《社会科学战线》2021年第12期。
⑥ 桓占伟：《"夏道尊命"：儒学视野中的夏代宗教政治认同》，《世界宗教研究》2021年第5期。
⑦ 程浩：《从"盟府"到"杏坛"：先秦"书"类文献的生成、结集与流变》，《清华大学学报》（哲学社会科学版）2021年第6期。
⑧ 刘国忠：《清华简与西周史研究》，《中国社会科学》2021年第1期。

铜器"，通过器物、文本到制度、思想，反映了研究中鲜明的文化偏好。夏商史研究则因这一时期是王朝肇建、文字初现之时，研究多围绕国家与文明起源、甲骨文与殷商史、三代社会形态与社会性质等重要领域持续开展研讨。[①] 作为中国古代史积淀最为深厚的领域，先秦史研究要想有新的突破十分困难，所以该领域对地下出土材料十分依赖，体现为考古关键词"发掘报告"与先秦史研究息息相关，显示出考古学对历史学"补史""证史""正史"甚至书写新历史的作用。

魏晋南北朝、辽、西夏、金、元、五代等时段存在着少数民族建立的政权，其研究与"国家认同"[②]"文化认同""民族认同"等关键词线条交织。这一方面的研究有利于探明早期"完整的中国经验"[③] 实践过程，厘清中华民族形成过程中重要时段，从而进一步完善"中华民族共同体"理论、铸牢中华民族共同体意识。"文化交流"[④] 也是相关断代研究较为集中的方向，文化上各方的交往、交流、交融，既是了解少数民族历史的切入口，也为当今的文化交流提供镜鉴。从关键词也可以看出，对少数民族政权的研究，利用考古发现的现象较为突出，一方面，上述少数民族地区一般气候干燥，开发也较少，确实有利于考古资料的保存，这方面以敦煌最为典型；[⑤] 另一方面，这也体现了传世文献的相对不足。这一点也是少数民族政权研究近年来的常态。

---

① 谢乃和：《夏商周三代社会形态为封建社会说》，《史学理论研究》2021年第2期。
② 彭丰文：《北魏的历史记忆整合与国家认同建构——铸牢中华民族共同体意识的历史经验探究》，《西南民族大学学报》（人文社会科学版）2021年第6期。
③ 韦兵：《完整的天下经验》，北京师范大学出版社2019年版。
④ 吕博：《〈梁四公记〉与梁武帝时代的文化交流图景》，《历史研究》2021年第1期。
⑤ 黄永年：《唐史史料学》，上海书店出版社2002年版，第285页。

(二) 专题研究热词

本年度历史学关注的重要词语依次为："中国共产党""抗日战争""丝绸之路""五四运动""毛泽东""国民党""马克思主义"等。反映出古代史由于断代造成的研究分野，议题分散，难以形成跨多个断代的议题互动。而在近现当代史研究中，研究队伍强大且重要问题相互联系，呈现出关键词热度远超古代史的趋势。

党的百年历程深刻改变了中华民族的前途和命运，改变了世界发展的格局与走向，"中国共产党"作为2021年历史学研究的最热关键词，在党史、近代史等研究领域热度突出。"中国共产党"词频高达340次，在所有热词中排名第一，并远远超过排名第二的"抗日战争"。与其他词条的联系强度也远超其他词条，高达393条，是第二名"抗日战争"的三倍还要多，这说明在中国共产党的百年华诞之际，许多研究领域更多地关注起自身与中国共产党的内在联系。

以中国共产党为关键词，2021年刊文量统计得561篇，为2020年的三倍多，相关研究多涉及百年党史的经验总结[1]、建党百年的历史进程[2]、中共党史的学科定位[3]等诸多方面。历史经验的总结与学史崇信深度结合，是学界关注重点，其中理论、道路、制度、话语等成为这类研究中的高频词语，从党的辉煌成就中汲取历史养分坚定道路自信、理论自信、制度自信，成为党史经验总结的核心内容。对于建党百年的历史进程，学者研究常以

---

[1] 陈金龙：《纪念与叙史：中国共产党百年历史的话语建构》，《社会科学战线》2021年第3期。

[2] 夏春涛：《从中国近代史看百年党史的主题主线、主流本质》，《近代史研究》2021年第4期。

[3] 李金铮：《中共党史回归历史学科的正当性》，《江海学刊》2021年第4期。

时期为前缀进行划分，统计各时期主题论文，热度前三依次为：抗战时期、延安时期、建党早期，受史料存留、档案公开等诸多因素，对党史进程的研究仍集中在新中国成立前，这也体现出史料是历史学开展研究的前提与基础。受不同时期政治变化的影响，中共党史专业在学科归属上变化频繁，在历史内容上被多个学科分割，中共党史的学科定位不清成为学科发展的桎梏。基于此，《中共党史研究》《史学集刊》分别组织笔谈"面向新时代的中共党史学科建设""百年中共党史研究理论与方法论"讨论中共党史的学理依据、学科归属、学术范式等方面内容，力图理清学科边界与内涵、历史性与政治性、趋势与方向等问题。

抗日战争，是近代以来中华民族抗击外敌入侵第一次取得完全胜利的民族解放战争，是世界反法西斯战争的东方主战场，是中华民族由衰败走向复兴的重大转折点。中国军民通过自身努力抗战而重新确立的大国地位，成为中华民族复兴的重要基础。中华民族在抗击法西斯侵略战争中所激发出来的民族精神、民族凝聚力和向心力，因胜利而树立的民族自信心和民族自豪感，成为中华民族复兴的强大精神力量。"赓续抗战精神，砥砺复兴力量"，抗日战争研究始终是学界关注的重点。而2021年又是抗日战争爆发九十周年，更是给抗日研究成果的大量涌现提供了重要契机。

抗日战争研究除了关注军事、政治、经济、中外关系、日军在侵华暴行等之外，已经扩展到战时思想、战时文化、战时社会生活的各个方面；随着海内外新史料的挖掘，抗日根据地研究得以深化[1]，其中中国共产党在抗日根据地的社会改造、经济建设

---

[1] 杨奎松：《中国抗日战史亟须加强对日方资料的利用与研究——以台儿庄战役日军伤亡人数问题为例》，《抗日战争研究》2021年第3期。

和军事动员等内容备受关注。同时，相对薄弱的日伪沦陷区研究也围绕日伪基层政权①、日本经济掠夺、奴化宣传教育等重点逐步展开。2021年与"抗日战争"交集较多的热词是"中国共产党"和"传播"。这一关系也有利于更科学地阐明中国共产党在敌后艰苦卓绝的斗争，夯实中国共产党在抗日战争中中流砥柱的地位，也有利于以此为切入口，进一步研究敌占区民众的生活史。后者则关注抗战报刊、歌曲、谣谚的传播及其政治思想、社会舆论功能。在与社科理论的互动方面，对抗战时期传播现象的研究，一方面有利于为新闻传播学研究提供本土实证，推动新闻传播学本土化进程；另一方面也能更多地引入现有的新闻传播学理论，在切磋琢磨中推动理论与实证的双重进步。由于抗战时期史料丰富，且在社会层面也较古代更为深入，相关研究与社会学、心理学也能有所联系、互相启发。

"一带一路"倡议提出以来，研究热潮已席卷全国，各类研讨会密集举办。在此背景下，史学界对"丝绸之路"的研究趋势与社会热潮相吻合，自2013年后论文数量激增。对于历史时期丝绸之路交通线路、丝绸之路文化作用以及其他如与丝绸之路相关的生态、经济、文化交流等历史文化问题的研究，成为学术热点。

从断代研究上看，自汉代开辟丝绸之路以来，各主要断代的研究对西北边疆或文化交流都关注颇多，这扩展了中国古代史的研究视野，其对探究古代世界交往体系有重要作用。"一带一路"不仅仅是中国一国的历史，更是能串联起欧亚大陆的历史②，丝

---

① 冯成杰：《抗战时期日伪政权的救灾与防疫——以1939年天津洪灾为中心的考察》，《历史教学问题》2021年第4期。

② 张德芳：《从出土汉简看汉王朝对丝绸之路的开拓与经营》，《中国社会科学》2021年第1期。

绸之路相关研究若能保持这一劲头，或许可以在未来为各国历史学更为深入的交流提供切入点。同时也可以看到，相比于西北的丝绸之路而言，东南海上丝绸之路①的研究相对较少，研究论文不足前者四分之一。西北的敦煌、吐鲁番提供了大量珍贵的基层史料，宋代以来东南的地方志也保留了大量珍贵史料，这将成为丝绸之路研究下一步的发展方向。

总的来说，史学界对"丝绸之路"的研究既有历史溯源也有现实观照，通过个案探讨建构宏观框架，以概念外延拓宽研究视域，将"丝绸之路"扩展到整个文化界，最终成为社会大众熟知的词语，从而发挥历史的社会教育功能。

除上述热词外，"五四运动"②"毛泽东""国民党""马克思主义"等关键词也是研究的集中之处。在史料大量留存、研究队伍也颇为强大的近代史领域，这些紧要而宏大的主题从来也是研究者们所集中探讨的。

(三) 史学理论热词

本年度"唯物史观"研究热度与 2020 年持平，仍是史学理论方面最热词。新中国成立后，"唯物史观"成为史学理论的主流，围绕现当代史学家接受、学习、运用唯物主义进行史学研究是本年"唯物史观"研究的重点③，从学者治学路径转变可以一窥时代之变。而唯物史观从主要作为研究工具发展出越来越多作为研究对象的部分，既标志着相关研究的成熟，也有利于唯物史

---

① 柳平生、葛金芳：《试析宋代海上丝绸之路勃兴的内在经济动因——兼论两宋经济结构变迁与三大文明竞争格局形成》，《文史哲》2021 年第 1 期。
② 罗志田：《蓄势骤发的五四学生运动》，《文史哲》2021 年第 3 期。
③ 张越：《民国史家对唯物史观和马克思主义史学的评论和认识》，《史学集刊》2021 年第 4 期。

观更深入地审视自身的形成过程，同时结合时代主题，绽放出新的生命力，从而通过理论的升华，带动史学的思辨化。《史学理论研究》是"唯物史观"发文主要来源期刊，并通过组织了"唯物史观与太平天国研究""马克思主义社会形态理论与中国早期社会性质研究""唯物史观与五种社会形态理论"等圆桌会议，集中议题、深化讨论。

在唯物史观之外，作为研究方法的"口述历史"也异军突起，热度显著提升，"口述历史"是指口头的、有声音的历史，是历史记忆的重要承载，得益于现代科技的发展，录音机和摄像机的出现使得历史记录的音视频信息呈现成为可能。其价值在于留下亲历者的历史记忆，弥补传统文字记载和器物历史的不足，关键人物的口述甚至可能改变和修正文字记载的错误之处。相关期刊通过专栏关注、专题研讨、圆桌会议等形式集中刊发，如《学术月刊》的"口述历史与集体记忆研究"、《史学理论研究》的"多维视域下的口述历史"、《社会科学研究》的"口述史、集体记忆与新中国工业建设"等。口述历史是从人的记忆出发，2021年口述史研究尤为关注记忆[1]，研究方法上讨论新技术利用与记忆保存[2]，研究对象上侧重"集体记忆"，研究内容关注如何把握记忆真实性。

紧随其后的是"全球史"[3]与"史学思想"，这两者既是史学理论，却也有着深厚的实证基础："全球史"是在实证层面对

---

[1] 左玉河:《固化、中介与建构：口述历史视域中的记忆问题》，《史学理论研究》2021年第5期。
[2] 谢治菊、范飞:《新技术对口述史研究的影响》，《学习与探索》2021年第7期。
[3] 曹小文:《全球史研究：对民族—国家话语的反思与构建》，《史学理论研究》2021年第4期。

现有历史研究成果整合的尝试，其在近年来的发展既与中国世界史研究的进程息息相关，也与丝绸之路等时代热点暗合。其作为史学理论，更多也还是一种初步的切入视角，尚不类唯物史观那样有着层次丰富、结构严整的内容。"史学思想"也与偏实证的史学史领域关系密切，对史学思想的研究，目前成果往往是围绕史学家、史学著作展开的思想史研究，是历史学自身的学科史。就史学思想本身的突破，则相对较少。

可以看到，就史学理论的主要关注点而言，学界的主要关心对象总体上仍是偏实证层面的。在382篇史学理论研究论文中，主要仍是围绕史学家的史学思想、史学著作的书写范式等展开，这一点从"章学诚""范文澜""郭沫若"成为学术热词可以看出。历史学对其他社科理论往往持欢迎态度，这是值得肯定的，而其自身也该在与其他社科理论的交流中，发挥自身研究扎实的优点，完善自身的不足之处。正如马克思所言，在充分地占有材料之后，还要"分析它的各种发展形式，探寻这些形式的内在联系"[①]，才能提炼出具有历史学特色的话语体系。

（四）区域史研究热词

在区域研究方面，"边疆""徽州""丝绸之路""上海""敦煌""新疆""西藏""江南""南京""云南""大运河"等是2021年中国历史研究的高频词语，总体上西北与东南交相辉映，西南边陲也闪烁其间。值得注意的是，区域史中"边疆"热度比重上升，与热词中"丝绸之路""新疆""西藏""云南"等形成呼应，成为区域史研究最热词。

---

① [德]马克思、恩格斯：《资本论》，人民出版社2004年版，第21页。

从西部大开发到"一带一路"倡议的实施，边疆史研究的重要性不断得到凸显，边疆治理成为国家治理的重要组成部分，"边疆"成为本年度重要的关键词。与"边疆"这一重要主题息息相关的，还有"丝绸之路""敦煌""新疆""西藏""云南"等热词，尤其"丝绸之路"更是在"一带一路"的时代背景下得到学界重视，为本就有深刻现实意义的边疆研究，起到了不可忽视的带动作用。"中国边疆学"发端于清代嘉道的西北史地研究，与史学关系紧密，构建中国边疆学在历史层面要实现的三个目标：边疆形成的历史进程、边疆治理的历史脉络、边疆开发的历史轨迹。史学界的边疆研究以中国边疆话语体系建构为中心，以边疆治理[①]、边疆民族、边疆区域为主要切入点，追求学科话语权，致力于打造中国特色、中国风格、中国气派的边疆学。[②] 同时边疆研究的热络与近年来的国家社科基金重大项目的导向有关，如2021年开题论证的项目即有：中山大学温春来主持的"历史上的西南少数民族政权与国家整合研究"、云南大学罗群主持的"中国历史上边疆与内地交往交流交融历程及其比较研究"、中国人民大学赵珍主持的"清朝西北边疆经略史"等。

"徽州""上海""江南""南京""大运河"等东南地区，也是区域研究的长期以来的热门。其中"江南""徽州"是区域史永恒且经典的主题，涉及"科举""乡村社会""宗族""户籍""教育""日常生活"等区域社会问题；"上海"[③] 更多偏向于史

---

① 蔡亚龙：《元明边疆治理的传承与变迁——以明初军民府沿革为中心》，《中央民族大学学报》（哲学社会科学版）2021年第3期。

② 李大龙：《新文科建设视野下的中国边疆学》，《云南师范大学学报》（哲学社会科学版）2021年第4期。

③ 张晓虹、罗婧：《开埠早期上海虹口地区城市化进程研究——兼论英美租界合并的土地经济动力》，《苏州大学学报》（哲学社会科学版）2021年第1期。

料更多的近现代,"南京"则在古代也有大量史料遗存,二者是城市史研究的典例;"大运河"则本身具有较大的研究价值与较好的研究条件,前些年的申遗成功更是刺激了大运河遗产的开发与研究,也是"大运河"较为靠前的原因之一。

(五)历史人物研究热词

在历史人物研究方面,2021年度的最热门研究人物为"乾隆",其他依次为"梁启超""蒋介石""孙中山""王安石""郭沫若"等。乾隆成为热词主要有三方面原因,一是乾隆是最长寿、实际执政最久的皇帝之一;二是乾隆时代的皇权、汉化、西北边疆等问题常受到学界关注;三是乾隆是大陆清史学界与新清史学派常角力之处,三者相加将乾隆这一词推升人物最热。数据显示,中国人民大学、中国历史档案馆等是该研究领域的重要机构。同时,近年来边疆研究的升温,也为在边疆地区举措颇多的乾隆,带来了更多的关注。

对重大历史事件、历史人物的周年回眸是中国历史研究的常态,2021年是辛亥革命110周年,因此孙中山与辛亥革命研究热度相对上升,有《史学月刊》组织的笔谈"革命与建设:百年中国历史进程研究"与《广东社会科学》"纪念辛亥革命110周年专题研究"等涉及孙中山研究。2021年还是王安石诞辰一千周年,中国宋史研究会在江西抚州举办"纪念王安石诞辰一千周年暨中国宋史研究会第十九届年会国际学术研讨会"。当然,仅仅是周年也还不足以如此提升二人的研究热度,史料丰富、意义显著、争议性大也是孙中山与王安石研究集中的基础,后者更是常受到政治学、经济学等其他学科的关注。[①] 周年的到来,对此更

---

① 李华瑞:《近二十年对王安石及其变法的重新认识——为王安石诞辰一千周年而作》,《史学月刊》2021年第11期。

多是锦上添花。

"梁启超"①"蒋介石""郭沫若"由于在中国近代史中有着重要地位，其研究热度也是长期不减，在热词中占有排名靠前也并非特殊情况。不过 2021 年是中国共产党成立一百周年，蒋介石与郭沫若的相关研究也难免受其带动。不过在这种背景下，梁启超的研究热度犹能超过二人，足可见梁启超近代思想史、学术史、政治史各方面之重要性。

（六）历史文献研究

在历史文献研究中，传世文献"《史记》"②热度最高，"《尚书》"紧随其后。作为中国第一部纪传体通史性著作，《史记》是研究中国古代史与史学理论的重要典籍。一方面与《左传》《尚书》《周礼》、清华简等传世史料或出土史料相互佐证，另一方面也是解读司马迁及传统史论的基本资料。而《尚书》作为我国最早的历史文献汇编，保存了许多夏商周史事的记载、对三代政事、思想、文化的记录，对我们来说弥足珍贵。

今年《史记》《尚书》研究突出比较研究色彩，首先是《史记》《尚书》与前后代文献如《春秋》《汉书》与新出清华简等出土文献的比较研究，通过不同时期文献记载的差异考订史事真伪、探讨史家书写、分析文本演变。其次是《史记》内部不同篇目的比较研究，《史记》史料来源多元，不同篇目的比较研究成为可能。最后，是与外国早期历史文献的比较，阐释中外文化异同。

而在出土或实物文献中，"墓志"③一如既往地占有重要位

---

① 吴汉全：《梁启超与中国近代史研究》，《西南大学学报》（社会科学版）2021 年第 6 期。

② 葛兆光：《传统中国史学中的世界认识》，《文史哲》2021 年第 3 期。

③ 仇鹿鸣：《"伪梁"与"后唐"：五代时期的正统之争》，《历史研究》2021 年第 5 期。

置，更为具体的"清华简""秦简"也有着不小的热度，而作为先秦时期重要的文献载体，"青铜器"同样具有不低的热度。与《史记》《汉书》相比，"清华简"[①]"秦简"的热度可以说旗鼓相当，这也分别代表了先秦秦汉史料应用的两大方向。而与之相比，涵盖面更广的"墓志"的热度却与其内容之丰富不符。总体而言，当今研究中对墓志的运用更多还是为其他命题提供史料，而以墓志本身为研究对象的成果则相对较少，这或许也是相关研究发展的方向之一。对墓志本身的研究一方面能更深地挖掘其史料价值，另一方面也能为与考古文博的合作提供切入点，具有不小的意义。只是对于资料越发丰富的晚近断代而言，墓志的补史、证史价值相对较小，鉴于此，墓志研究更为全面的深入或许还有待于晚近断代史料运用的进一步拓展。

（七）机构与学者

2021年，从学校层面看，中国人民大学、北京大学、复旦大学、四川大学、山东大学、南开大学、南京大学、华东师范大学、北京师范大学、武汉大学等学校对历史学研究的贡献突出。

从机构署名来看，北京师范大学历史学院、南开大学历史学院、中国社会科学院古代史研究所、中国社会科学院近代史研究所、武汉大学历史学院、四川大学历史文化学院、北京大学历史学系、中国人民大学历史学院、华东师范大学历史学系、南京大学历史学院等机构发文较多。

从统计数据来看，西北大学历史学院王子今、华东师范大学历史学系李磊、华东师范大学历史学系王锐、南开大学历史学院

---

① 程浩：《清华简〈五纪〉中的黄帝故事》，《文物》2021年第9期。

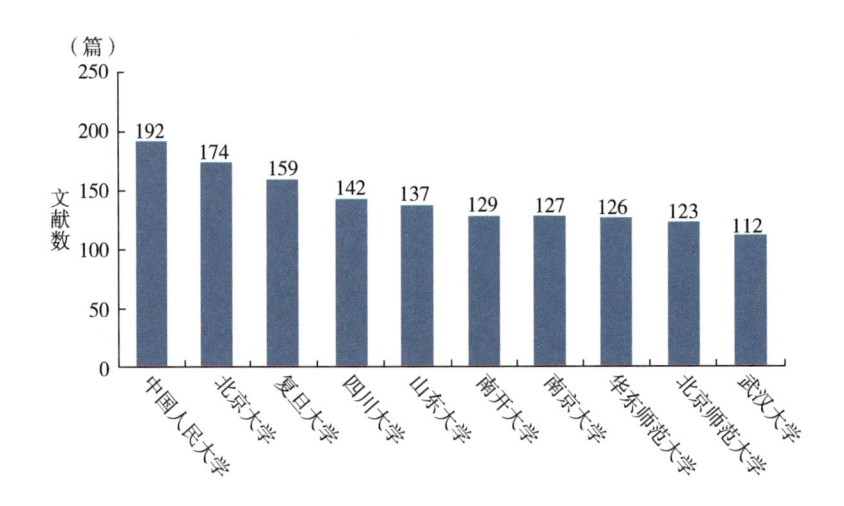

图 5-3 机构发文数量

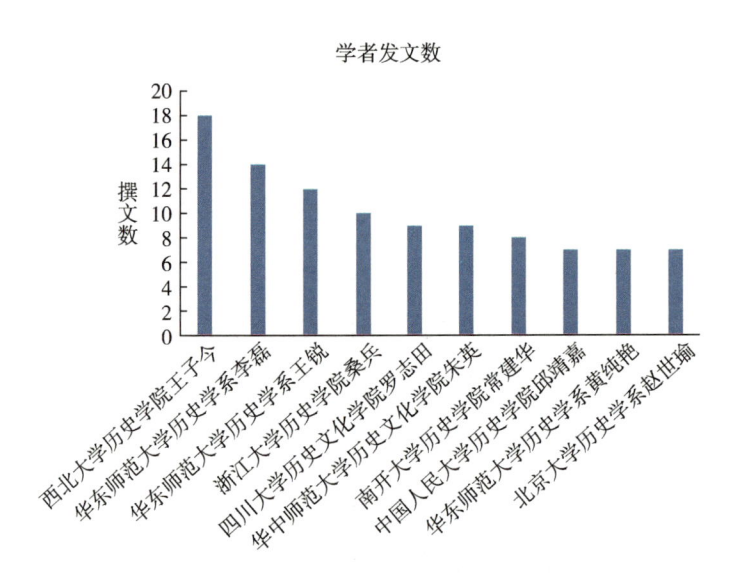

图 5-4 学者发文数量

常建华、浙江大学历史学院桑兵、四川大学历史文化学院罗志田、华中师范大学历史文化学院朱英、中国人民大学历史学院邱靖嘉、华东师范大学历史学系黄纯艳、北京大学历史学系赵世瑜等学者成果丰硕。

(八) 结语

综上，2021年中国历史学术高频词语，首先体现着史学与时代的互动，回应时代关切，如"中国共产党"与百年党史，"抗日战争"与民族精神。其次继承和发扬史学研究经世致用的优良传统，立足国家发展、社会进步的需要，如研究专题热词"丝绸之路"，是学者于历史层面夯实国家重大战略的努力，史学理论研究热词"口述历史"关注新中国建设的集体记忆，展现鉴古知今的取向。再次，学术热词也展现出中国学者们积极建设学科话语体系，追求"预流"，区域研究热词"边疆"及相关热词"边疆治理""边疆学"，通过提炼史学话语建设"中国特色、中国风格、中国气派"的哲学社会科学。最后，在学术热词背后，还坚持着"独立之精神，自由之思想"，并不是简单盲从社会热点，尤其在历史文献领域，传世文献"《史记》""汉书"、出土文献"墓志""简帛"，虽非社会热点，却依然是学者执着耕耘与探索的重要领域。

(执笔：吴苏洪、刘丹睿)

六　世界史研究

在国际格局和国际体系正经历着深刻调整和变革的后疫情时代，世界史学术生态呈现出更加纷繁多元的局面，在继续关注学科传统重心和内生性特色的同时，聚焦世界史视阈下具有中国特色的人文议题。2021年，我们对该领域1029篇代表性学术期刊文献进行整理和分析。根据数据显示，世界史划分维度中的区域国别史研究保持着长久生命力，其中日、美、英及朝鲜半岛地区仍是学者的主要着眼点；在世界断代史层面，相较于上古史、中古史，世界近现代史研究在发文量上具有明显优势，并突出体现在"两次世界大战时期""冷战时期"；在专门史方面，受新史学方法及跨学科研究的激励，学者在继续深入研究"思想史""文明史""冷战史""中外关系史"等领域的同时，亦对近年来热度较高的"全球史""记忆史""情感史""医疗史""社会生活文化史"等葆有持续的关注和思考。例如，"人类命运共同体""民族国家建构""马克思主义""民族主义""现代性""历史记忆""帝国主义""瘟疫"都属于2021年世界史学界的研究热点关键词。

六 世界史研究

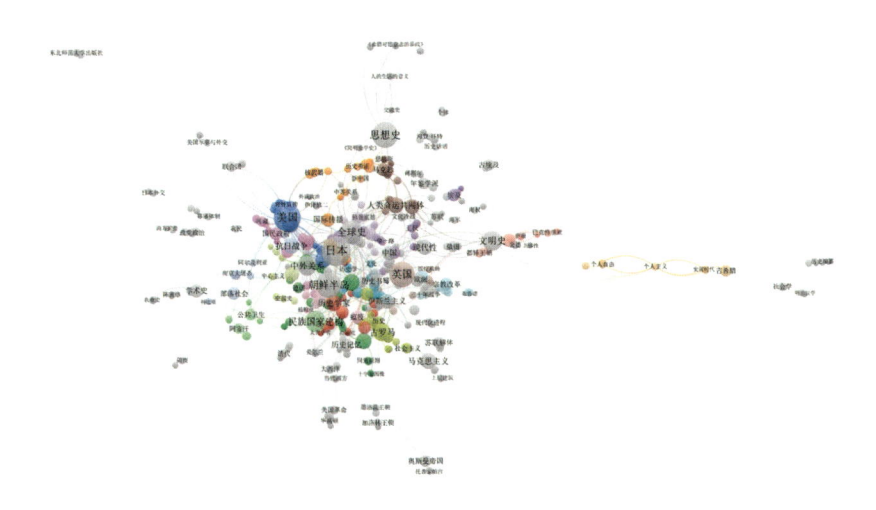

图6-1 世界史研究热点

在区域国别史研究中，日本史相关文章数居于前列。中日之间，由于地缘关系和文化渊源，在历史线索、现实交往、研究条件等方面都具有得天独厚的学术环境，成为中国史（尤其是近代史）与世界史学界共同的关注对象，而这特别体现在"近代日本侵华史"的研究上。对此，北京大学王新生教授曾在《2020年日本历史研究综述》中分析："冷战国际格局崩溃之后，各国之间意识形态的对立大大减弱，但价值观念的不同以及中日两国经济实力出现逆转的现象凸显双方在历史认识问题上的差异，国家及社会对其相关研究给予了较大支持力度。"[1] 而事实也证明，学界在这一相关问题上的研究热情长年未减，其中在2021年具代表性的有：祁建民从"情报"视角思考日军计划在华北失利的必然性；[2] 臧运祜对日本成立伪满洲国以殖民统治中国东北的构想与

---

[1] 王新生：《2020年日本历史研究综述》，《日本学刊》2021年第1期。
[2] 祁建民：《抗日战争期间日本对中国共产党的情报调查及对策》，《近代史研究》2021年第1期。

实施进行实证研究;① 孙继强通过分析战时日本"出版新体制"的构筑,揭露彼时出版业在法西斯统治下宣传功能的异化。②

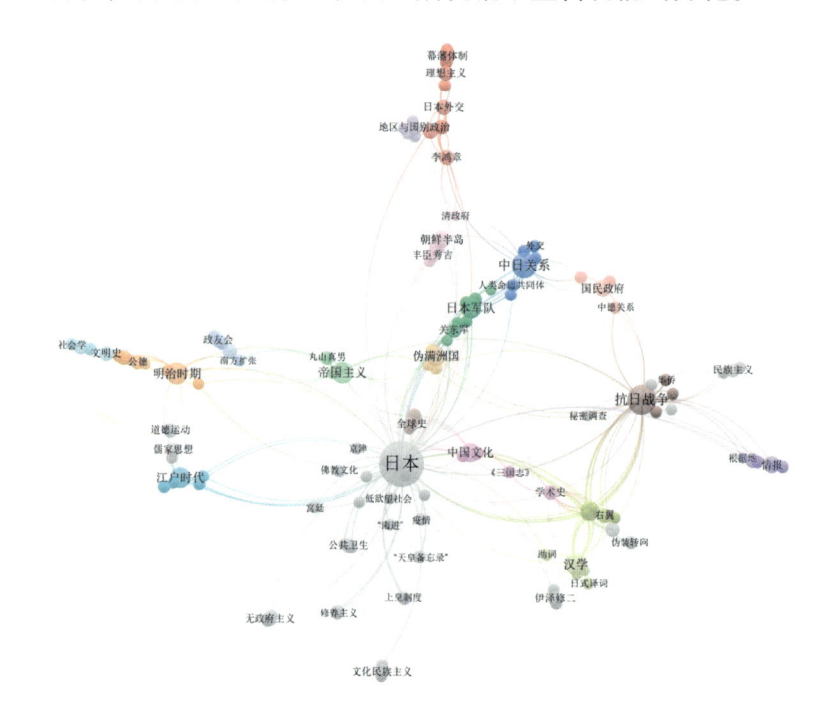

图 6-2 日本

此外,"江户时代"也是日本史学者们的关注焦点,其研究突出体现日本江户时代的文化史书写,以深刻把握近代转型时期的日本社会,为当下中日文化的交流及矛盾提供历史依据与思考。例如,相关学者以唐人社会、近世民族图谱、郑成功形象建构、《唐诗选》的文本流衍、药品"一角"的个案研究、中国古典戏曲的传入与接受、钱谦益诗学的影响等为微观切入视角,考

---

① 臧运祜:《九一八事变前后日本殖民统治中国东北的构想与实施》,《社会科学辑刊》2021 年第 4 期。
② 孙继强:《战时日本"出版新体制"的构筑及其法西斯化》,《世界历史》2021 年第 2 期。

察相关原始文本，对近世日本社会文化、中日交流与影响等主题进行研究。①而"明治时期"则成为日本史研究的另一重要时间节点。其中以明治维新及其周边议题的讨论尤为热烈，学者们从政治军事、经济产业、社会生活、文化思想多维度对日本社会的近代化道路进行历史描摹与诠释。例如，曹亚坤、郭循春先后在文章中针对明治时期日本学生兵役制、军部国民"统制"机制进行研究；②王玉强、庄苗苗通过研究明治政府借鉴近代西方建立起来的马政体系，为思考日本对外扩张战争的行政与经济制度提供新侧面；③瞿亮、张承昊以砂糖产业为创新视角，观察到其从疆域变化、殖民地政策、燃料国策等方面对近代日本南方扩张战略变迁产生的间接影响；④郭勇、彭春凌、史少博则相继关注了明治时期汉学命运、儒学道德在西学东渐大潮中的自我审视与近代转型。⑤

而相较于日本史研究的显著上升趋势，近五年学界对英、美

---

① 吕品晶、迟皓：《日本华侨社会形成时期考察——兼论江户初期"唐人社会"的实态》，《华侨华人历史研究》2021年第2期；安琪：《近世日本的民族图谱与朝贡想象——以〈四十二国人物图说〉为中心》，《民族艺术》2021年第4期；许建业：《题李攀龙〈唐诗选〉在晚明与江户时期的文本流衍》，《首都师范大学学报》（社会科学版）2021年第4期；邢鑫：《北海奇珍：日本江户时代的一角形象及其变迁》，《海交史研究》2021年第2期；伴俊典：《中国古典戏曲传入日本的相关疑问——以日本江户时期新发现的唐船舶载资料等珍稀文献分析为中心》，《河北学刊》2021年第4期；范建明：《论钱谦益诗学对江户时代诗风诗论的影响》，《苏州大学学报》（哲学社会科学版）2021年第6期。
② 曹亚坤：《从"免缓现役"到"学徒出阵"：近代日本学生兵役制度的演变》，《外国问题研究》2021年第1期；郭循春：《近代日本军队的国民"统制"机制及其演进》，《世界历史》2021年第5期。
③ 王玉强、庄苗苗：《近代日本马政及其对外扩张》，《史学集刊》2021年第5期。
④ 瞿亮、张承昊：《砂糖产业与近代日本的南方扩张》，《世界历史》2021年第5期。
⑤ 郭勇：《日本明治时代的汉学命运》，《上海师范大学学报》（哲学社会科学版）2021年第1期；彭春凌：《章太炎与明治汉学》，《清华大学学报》（哲学社会科学版）2021年第2期；史少博：《日本明治时代的"道德运动"与"儒学道德"》，《东疆学刊》2021年第3期；史少博：《论日本明治"道德运动"融入的儒家道德》，《学术探索》2021年第2期。

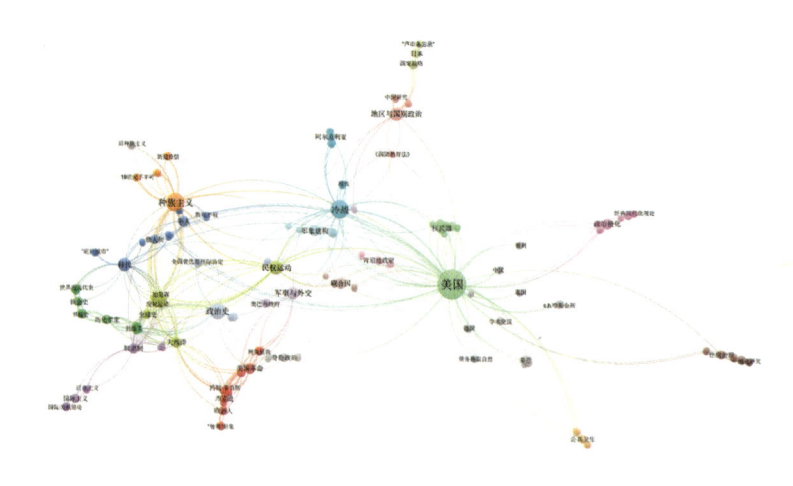

图 6-3　美国

两国呈现出较为稳定的关注度。对美国史而言，"冷战"研究仍是学界尤为关切的，沈志华从第二次世界大战时期英美对苏"租借"这一援助政策切入讨论美苏冷战起源的经济因素；① 牛可试图通过史实与理论的结合分析，凸显以往受到忽略的美国冷战大战略与国家建构的历史进程之间的关系；② 周嘉滢以第二次世界大战前后美苏意识形态分歧为视角，探析20世纪50年代到70年代在西方知识界逐渐形成的经典现代化理论。③ 上述代表性研究体现出，当下学者主动回应重大问题，利用多学科互动的研究方法，对学术框架内的经典命题和重大历史事件进行讨论的倾向性，不断在传统政治外交史等领域推陈出新，为现今复杂的国际形势与中国挑战提供历史思考，做到"察今知古、溯往知来"。

---

① 沈志华：《"无条件援助"：租借与战时美苏经济关系——关于美苏冷战起源的经济因素（讨论之三）》，《清华大学学报》（哲学社会科学版）2021年第5期。
② 牛可：《冷战与美国的大战略、国家安全理念和国家构建》，《国际政治研究》2021年第1期。
③ 周嘉滢：《美苏意识形态分歧与经典现代化理论的形成》，《史学月刊》2021年第6期。

与此同时,"种族主义""民族主义""民权运动"等关键词既是史学界长期以来的青睐对象,亦是贯穿美国建国至今内政外交的重要掣肘,而美国政治变革的探索与国民身份认同的塑造都在不同程度上映射出对相关议题的学术思考和社会实践。例如,谢国荣先后发文从微观、中观层面研究了在冷战的特殊语境下,美国种族问题作为国家形象和民主制度的灰色面,有效推动了民权改革运动及兑现民主承诺的历史进程;[1] 周顺通过梳理20世纪40年代以来美国平权运动的发展历程,分析其在部分实现多元化社会目标的同时,也引发了社会民众政治认同的撕裂与困境;[2] 原祖杰、周曼斯以"堕胎"在19世纪美国公共生活领域逐渐非法化的过程为对象,研究反堕胎运动背后种族、宗教、阶级、性别等因素在美国社会现代化转型时期的交织与张力,进而为理解当下舆论风向与法案争议提供历史认知视角;[3] 四川大学刘祥围绕第二次世界大战爆发及战后"美国与人权"的相关议题发表多篇文章。[4]

此外,城市史视角下的美国研究也受到较多关注。李文硕曾在相关研究中谈到,美国城市史研究发端于20世纪40年代,80年代后在社会文化史崛起的冲击下遇到领域界限模糊、研究者认同感下降等问题,但同时也有更多的历史学家开始关注城市;而

---

[1] 谢国荣:《小石城事件国际影响下的美国民权运动》,《历史研究》2021年第4期;谢国荣:《种族问题与冷战初期美国的对外宣传》,《世界历史》2021年第3期。

[2] 周顺:《美国平权运动及其对政治认同的影响》,《史学月刊》2021年第9期。

[3] 原祖杰、周曼斯:《19世纪美国反堕胎运动的权力争夺与种族因素》,《厦门大学学报》(哲学社会科学版)2021年第4期。

[4] 刘祥:《美国与联合国初期的人权政治》,《美国研究》2021年第4期;刘祥:《普遍主义与例外主义的变奏:战后初期美国围绕国际人权的争论》,《四川大学学报》(哲学社会科学版)2021年第4期;刘祥:《美国社会组织与联合国人权规范的起源》,《史学集刊》2021年第1期。

受新马克思主义"空间转向"的影响:一方面空间本身成为研究对象——集中表现在与身份、政治、日常生活和感知的联系上;另一方面跨国史路径介入城市史研究——人员、物资、资本和信息的流动将观察城市历史的视野拓展到民族国家的界限之外。① 鉴于此,整理 2021 年相关学术文章,其中就包括对:19 世纪至 20 世纪之交黄热病影响下的城市防疫治理与社会救助、资本扩张主导下的墨西哥城重建、城市住房治理及贫民窟清理、战后移民城市的"美国化"教育及经济全球化下出现的移民"庇护"城市等问题的关注。②

英国史方面,独特的地缘条件、古老的历史文化与率先的近代化转型,使其长期以来受到中国学界的关注。而近年来,鉴于在原始史料的收集、占有、选取和解读方面具有相对优势,多依靠非现代语言史料立论的中世纪晚期至近代早期研究在这一领域内更为丰富。其中,"瘟疫""忧郁症""民族建构""日常生活""文化"等关键词在一定程度上反映了英国史学界对新史学潮流的研究旨趣。而现实的异动往往为历史研究提供最鲜活的论题——尤其,在公共卫生方面,学界从现代英国病患组织、近代早期济贫实践中的腐败问题、近代跨大西洋医疗交流、病理学角度的"歇斯底里"、忧郁症的文化内涵多维度进行研究论述,在

---

① 李文硕:《美国城市史研究的空间取向》,《史学理论研究》2021 年第 6 期。
② 王光伟:《传染病疫情下的政府防治与社会救助——以 1878 年美国黄热病疫情防控为例》,《史学月刊》2021 年第 4 期;汪艮兰、程洪:《迪亚斯执政时期美国的资本扩张与墨西哥城的城市重建》,《世界历史》2021 年第 5 期;李莉:《19 世纪后半期美国城市住房治理研究》,《求是学刊》2021 年第 2 期;石可鑫:《第一次世界大战期间针对移民儿童的"美国化"教育——以圣路易斯公共图书馆为例》,《历史教学问题》2021 年第 6 期;金晓文:《全球化视角下美国移民"庇护城市"研究——兼论美国非法移民的治理困境》,《世界民族》2021 年第 6 期。

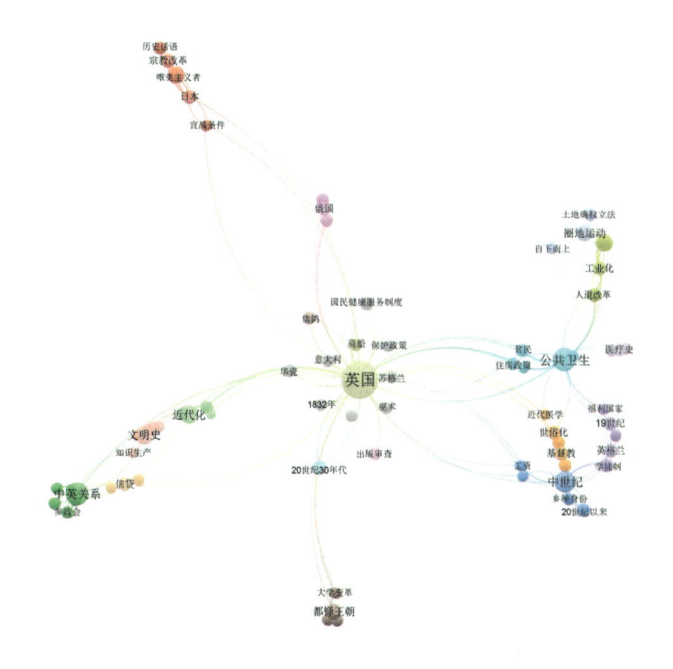

图 6-4 英国

推进学科自身建设的同时,合理关切现实——试图构建出英国公共医疗卫生的长时段社会图景,进而在疫情时代下,从历史的维度理解各国在不同政治决策与文化背景下的选择与困境。[1]

同时,这些依附于传统历史事件框架但又相对具体微观的选题,既是对重大历史进程节点研究的强调,亦体现了学者们有意识地避免辉格派史学的线性进步观,以期充分认识整体历史发展的复杂性和曲折性。例如,向荣通过比较研究意大利和英国在17

---

[1] 张春梅:《试论英国病患组织的变迁及特征（1960—1997）》,《历史教学（下半月刊)》2021年第11期；刘曼慈、张晓华:《近代早期英国济贫实践中的腐败成因及整治措施特征》,《历史教学（下半月刊）》2021年第10期；丁见民:《18世纪到19世纪初期英美医疗信息的跨大西洋交流》,《历史教学（下半月刊）》2021年第10期；赵秀荣:《近代早期英国社会对"歇斯底里"的认知》,《经济社会史评论》2021年第3期；张珊:《18世纪英国医生乔治·切恩对忧郁症文化内涵的重塑》,《中国社会科学院研究生院学报》2021年第4期。

世纪鼠疫面前的不同表现，认为欧洲抗疫和公共卫生建设同文艺复兴时期公民人文主义的兴起与近代早期欧洲国家形成、国家治理能力的大幅度提高紧密相关，同时又受制于国家形态、主流思想观念等制约，在很大程度上反映了欧洲政治环境的区域差异与"错时空"变化；①邹翔则在研究中关注到，近代以前英国社会的民间医学常与基督教伦理相联结，思考宗教、政治文化（相较于医学进步本身）在医学官方专业化、民间医学被整肃并最终衰落的过程中扮演何种角色，进而指出其与启蒙运动以来对科学发展的常识性认识并不完全吻合。②

此外，作为近代帝国主义殖民运动最主要的参与者，"帝国主义""殖民地"等都是英国史研究经久不衰的议题。刘文明在《"新帝国史"：西方帝国史研究的新趋势》一文中分析到，帝国史作为一个专门研究领域，出现于19世纪末的英国；20世纪上半叶，以《剑桥英帝国史》为代表，确立起一种关于英帝国史的宏大叙事；而后在50年代至70年代的去殖民化浪潮中一度衰落，又因全球化的深入而复兴和发展，并在后殖民理论、新社会史、妇女和性别史、新文化史等思潮影响下出现"新帝国史"。③对此，具体研究涵盖帝国与殖民地之间的自由贸易权、殖民地的文化传播与知识生产机制、"他者"视角下帝国形象的负面渲染、殖民扩张与地方资源的博弈、殖民统治历史对现代民族国家认同建构的影响等问题，涉及南威尔士、印度迈索尔、英属非洲、澳

---

① 向荣：《第二次鼠疫大流行与意大利和英国的社会应对》，《世界历史评论》2021年第3期。
② 邹翔：《近代英国民间医学的衰落：一项社会史的考察》，《中国社会科学院研究生院学报》2021年第4期。
③ 刘文明：《"新帝国史"：西方帝国史研究的新趋势》，《社会科学战线》2021年第9期。

大利亚、塞浦路斯、新加坡等广泛区域。① 同时，上述研究也在不同程度上为当代第三世界民族国家独立与大国干预制裁等复杂国际局势提供更多历史性的思考。

钱乘旦教授曾撰文指出，区域国别研究是大国的需要，只有大国才有进行区域国别研究的强烈要求。而在我国发展的内部条件和外部环境都在发生快速演变的大背景下，开展区域国别研究既是当下的时代需要，也是国家的战略任务。② 2021年，学界在持续聚焦上述研究对象的同时，也不乏对其他相对边缘化区域民族国家建构进程的关注，其中包括：阿根廷、摩尔多瓦、土库曼斯坦、佛罗伦萨、尼泊尔、哈萨克斯坦等。③ 对此，董正华也曾在文章中谈及，现代性的多样性，各国现代化道路的差异，造成看世界现代化进程的不平衡；而作为不同文化思想背景下的一种

---

① 徐桑奕：《英帝国与殖民地自由贸易权问题——以初创期新南威尔士为中心的考察》，《世界历史》2021年第6期；赵光锐：《论20世纪上半期英帝国的西藏知识生产机制》，《中央民族大学学报》（哲学社会科学版）2021年第4期；王晓德：《文化中心论与早期欧洲精英构建美国"他者"形象的根源》，《史学月刊》2021年第3期；吴羚靖：《英帝国扩张与地方资源博弈——18世纪印度迈索尔檀香木入华贸易始末探析》，《自然辩证法通讯》2021年第5期；李鹏涛：《英属非洲殖民地的棉花种植推广活动及其影响》，《世界历史》2021年第6期；杜明明：《19世纪早期英国殖民澳大利亚的土著政策及其引发的争论——以"黑色战争"为例》，《历史教学（下半月刊）》2021年第8期；梁跃天：《身份认同与塞浦路斯民族问题的由来和现状——从族属差异到族群民族主义的冲突》，《世界民族》2021年第5期；胡德坤、王丹桂：《新加坡殖民地自由港政策的形成（1819—1867）》，《历史教学问题》2021年第4期。

② 钱乘旦：《以学科建设为纲 推进我国区域国别研究》，《大学与学科》2021年第4期。

③ 夏婷婷：《19世纪末20世纪初阿根廷的肺结核防治与民族国家建构》，《世界历史》2021年第4期；曲岩：《帝国遗产与现实困境中的民族认同——摩尔多瓦的民族国家构建》，《俄罗斯东欧中亚研究》2021年第3期；王四海、魏锦：《对土库曼人及其民族国家构建的若干认知——基于历史与现实观察视角》，《青海民族研究》2021年第3期；杜佳峰：《16世纪初佛罗伦萨迈向近代民族国家的三种政治模式》，《历史教学（下半月刊）》2021年第2期；高亮：《尼泊尔马德西族群运动兴起的原因及其影响——基于民族国家构建的视角》，《南亚研究季刊》2021年第4期；纳扎尔拜·叶尔肯：《新欧亚主义之哈萨克斯坦民族国家建构》，《俄罗斯研究》2021年第6期。

知识生产过程，现代化研究本身具有共性和特殊性；故中国人的现代化研究既需要说明世界现代化的共同趋势，也需要明察这些多样性、差异性。①

值得一提的是，据统计显示，"古代地中海文明"相关文章在近年来有明显的增加，并集中体现在"古埃及"和"两河流域"的研究上，即人类历史上第一批原生文明。在世界史领域，由于史料获取、语言学习、人才培养等一系列问题，古代文明研究一直以来都是相对薄弱和困难的。但近年来，随着中外学者交流深化、学脉赓续下学术队伍扩大、"一带一路"倡议支撑等积极因素推动，国内学界在相关领域内的研究成果显著。例如，郭丹彤突破对古代埃及文明"孤立""保守"的习惯认知，提出其兴盛的原因之一正是对外来文化的接纳与强包容性；② 陈志强以拜占庭方尖碑为切入点，认为其是基督教官方意识形态语境下古典文化遗产融合的佐证，体现古罗马文化对地中海古代文化传统的继承；③ 刘健、国洪更、李智、宋娇、李海峰、刘昌玉等学者则相继将目光投向古代两河流域文明研究，从运河、海湾政策、王衔沿革、帝国诉讼的行政化、驿站系统、宇宙观、税制等多维度思考古代地中海文明及其早期国家政治形态。④

---

① 董正华：《现代化研究的反思》，《史学理论研究》2021 年第 5 期。
② 郭丹彤：《古代埃及文明的包容性》，《历史教学（下半月刊）》2021 年第 8 期。
③ 陈志强：《拜占廷方尖碑的文明启示》，《贵州社会科学》2021 年第 5 期。
④ 刘健：《古代两河流域文明运河功能探析》，《历史教学问题》2021 年第 4 期；刘健：《古代两河流域国家对海湾政策的演变和调整》，《史林》2021 年第 6 期；国洪更：《古代两河流域早期王衔的沿革与国家形态的演变》，《史学集刊》2021 年第 3 期；国洪更：《亚述帝国诉讼的行政化》，《世界历史》2021 年第 5 期；李智：《苏美尔人驿站系统的形成及其作用》，《世界历史》2021 年第 1 期；宋娇、李海峰：《古代两河流域人的宇宙观》，《世界历史评论》2021 年第 4 期；刘昌玉：《税制与乌尔第三王朝的国家治理》，《古代文明》2021 年第 1 期。

六 世界史研究

同时，学术研究热点也与当今世界格局发展趋势互为印证。近年来，我国提出构建"人类命运共同体"这一全球价值观的倡议，而"全球史"自然也逐渐成为世界史学术研究中的热点。第二次世界大战后，"全球史"作为一种新历史书写方式在现代化背景与新史学思潮的影响下兴起，有意识地将历史发展过程中人类社会的交往和互动作为书写的核心和动力，体现出一种对传统"西方中心论"的反击和背叛。在这一领域，相较于以往对"全球史转向""全球化"的主要论述，2021年学界倾向研究的相关主题包括前文提及的"帝国史""美国早期史""文明史""冷战全球史"等。首都师范大学的刘文明教授已连续两年对"全球史影响下的新帝国史"进行阶段性研究，检视其学术发展脉络、特征与最新趋向，强调"性别、种族、文化、身份认同、互动网络等成为理解和解释帝国的重要维度"，呼吁非西方学者在这一问题上的积极参与。[①] 对于国内世界史学界而言，诚如柴英、朱文旭在相关文章中评价到的，全球史的议题天然地衔接了中国史和世界史，两者的分野在历史学联系发展、综合化趋势愈发显著的今天开始淡化，而这种变化极大扩宽了中国史研究的视野和场域，减轻了此前"中国—世界"截然两分的割裂感。[②]

而全球史在作为一种研究视角和媒介之余，对其本身进行史学理论分析亦成为学者们的着眼点。例如，康昊梳理了日本学界全球史研究的学术脉络，并进一步分析其得以实践和发展的内外

[①] 刘文明：《历史学"全球转向"影响下的"新帝国史"》，《史学理论研究》2020年第3期；刘文明：《"新帝国史"：西方帝国史研究的新趋势》，《社会科学战线》2021年第9期。

[②] 柴英、朱文旭：《大变局之际中国世界史研究的学术发展轨迹——以2020年〈复印报刊资料·世界史〉为中心》，《史林》2021年第3期。

动因;① 刘文明撰文回顾了中国学界对全球史的理论探讨和实证研究历程,尝试思考"如何构建具有中国特色的全球史研究"这一问题;② 曹小文则看到了全球史研究在致力于打破传统民族—国家话语与西方中心话语藩篱的同时,并未改变全球史话语建构者内在的民族—国家身份及特定文化诉求,进而探索马克思主义唯物史观指导下的中国特色全球史范式。③ 此外,2008 年辑刊《全球史评论》的创刊既是学界研究热点的呈现,亦是对学者在相关领域深耕创作的激励。

同时,随着 20 世纪 90 年代以来的全球化发展与史学的全球转向,入江昭等西方学者还提出了"跨国史"理念并付诸实践,其与全球史一同逐渐受到中国学者关注,为思考民族—国家传统叙事、关注全球力量与国家发展等问题提供新范式。美国历史学家托马斯·本德自 20 世纪末就开始思考,如何突破"国族国家"的边界来考察美国历史;他认识到,"国家不可能是它自己的语境",国别史必须"放在比它自己大的框架中来研究"。④ 而作为美国史研究的经典课题,美国革命也被越来越多的学者置于跨国史视野中看待。然而,跨国史视角在推动史学界研究路径和主题更新的同时,也因学界长期以来的争议与批评而受到关注。例如,刘祥曾撰文对其概念模糊、国家角色定位等问题进行学术梳理和批评反思;⑤ 蔡萌则在具体研究中提到,19 世纪上半叶美国社会改革运动大多是在民族国家框架内被讨论,研究者往往预先把论证国家成长作为自己的

---

① 康昊:《全球史在日本的兴起、实践及其特点》,《史学理论研究》2021 年第 2 期。
② 刘文明:《中国全球史研究的回顾与思考》,《史学理论研究》2021 年第 6 期。
③ 曹小文:《全球史研究:对民族—国家话语的反思与建构》,《史学理论研究》2021 年第 4 期。
④ 李剑鸣:《从跨国史视野重新审视美国革命》,《史学月刊》2021 年第 3 期。
⑤ 刘祥:《近年来史学界对跨国史的批评与反思》,《全球史评论》2021 年第 1 期。

六 世界史研究

研究目标,具有强烈的目的论色彩。但她也强调,在重视考察跨国力量和地方性因素之间的张力的同时,应认识到民族主义才是19世纪的主旋律——跨国网络是传统视角的补充而非替代。①

2021年,正逢建党百年之际。因此在史学理论范畴内,虽然希罗多德、修昔底德、兰克、年鉴学派等在史学发展中里程碑式的历史学家、学派依然占据着思想史学术研究的重要阵地;② 但是围绕马克思主义唯物史观展开的历史讨论无疑是学界的焦点,相应学术产出成果也颇丰。例如,汪荣祖、乔治忠、陈其泰、张婷等学者从较宏观视角分别对西方马克思主义史学、马克思主义史家、马克思历史思想的称谓进行跨时空的整体评述;③ 刘成群、高云鹏、苗贵山、王婧然等学者则都围绕马克思与黑格尔历史哲学之间的关系展开不同侧向的讨论;④ 而吴宏政相继发表了三篇

---

① 蔡萌:《美国早期社会改革运动的跨国网络》,《史学月刊》2021年第3期。
② 郭涛:《希罗多德与雅典"史前史"的书写》,《世界历史》2021年第4期;徐松岩:《修昔底德选用史料方法刍议》,《史学集刊》2021年第1期;胡昌智:《论兰克的史学思想》,《学术研究》2021年第8期;景德祥:《从书信看兰克第一本书及附本的诞生》,《上海师范大学学报》(哲学社会科学版)2021年第6期;李孝迁:《探源与传衍:近代中国史家的兰克论述》,《学术研究》2021年第8期;李孝迁、胡昌智:《兰克在新中国史学界的境遇》,《史学史研究》2021年第1期;周雨霏:《兰克史学在日本的传播与接受》,《学术研究》2021年第8期;汪荣祖:《我读布罗代尔》,《历史教学问题》2021年第3期。此外,一些法国史学研究亦围绕对年鉴学派的发展、补充及突破等主题展开讨论,紧跟国内外史学前沿:董子云:《贝尔纳·葛内与法国中世纪晚期政治史研究》,《史学理论研究》2021年第5期;周立红:《从境地研究到气候史:勒华拉杜里的总体史探索》,《社会科学战线》2021年第11期;张弛:《法国心态史的研究传统与理论转型》,《社会科学战线》2021年第11期;张弛:《心态、社会结构与社会变迁——乔治·勒费弗尔的心态史》,《史学史研究》2021年第3期;付有强:《西方食物史研究范式及其演变》,《史学理论研究》2021年第4期。
③ 汪荣祖:《西方马克思主义史学的过去、现在与未来》,《文史哲》2021年第1期;乔治忠:《马克思主义揭示的历史发展规律》,《史学理论研究》2021年第4期;陈其泰:《马克思主义史家与历史考证》,《中国史研究》2021年第2期;张婷:《马克思历史思想的四种称谓及当代启示》,《重庆社会科学》2021年第10期。
④ 刘成群、高云鹏:《"人类学笔记"与马克思对黑格尔历史主义的扬弃》,《天府新论》2021年第4期;苗贵山、王婧然:《马克思对黑格尔世界历史中自由观的扬弃》,《人民论坛·学术前沿》2021年第22期。

相关领域文章分析马克思的世界历史观念,其中包括对其概念内涵、理论溯源与当代发展的深度思考,从思想理论层面观照现代社会与中国发展。[①] 他在《马克思"改变世界"的世界历史观及其当代发展》一文中就有谈道:"推动构建人类命运共同体是马克思世界历史观在当代开拓的'改变世界'的新道路,在继续坚持扬弃资本逻辑主导的立场基础上,确立了构建人类命运共同体的'求同存异'的历史辩证法基础。"[②]

此外,学界在关注马克思历史哲学理论自身形成与发展的同时,也有不少学者从较为微观的层面将"马克思主义史学理论实践"与"东方"进行学术联系,例如:袁方探讨了19世纪五六十年代马克思、恩格斯关于中国、印度和波斯等亚洲国家历史命运的评述与思考,即马克思世界历史理论中的"亚洲问题";[③] 邢科立足于日本共产党领导人上田茂树创作的《世界历史》,对马克思主义史学的宏观视角进行解读;[④] 周雨霏从"亚细亚的"一词的流行与语义变迁为切入研究第二次世界大战时期马克思主义史学在日本的传播及其社会"亚洲观"嬗变的轨迹;[⑤] 于沛教授则通过探讨李大钊等早期中共领导人对西方历史哲学的批判及其思考,进一步认识李大钊先生的世界历史观以及唯物史观在中国的诞

---

① 吴宏政、徐中慧:《马克思"世界历史"概念的三重内涵》,《江苏社会科学》2021年第3期;吴宏政、李沐曦:《马克思对黑格尔世界历史理论的改造》,《学习与探索》2021年第7期。

② 吴宏政、杨盼悦:《马克思"改变世界"的世界历史观及其当代发展》,《浙江学刊》2021年第6期。

③ 袁方:《在历史与道义之间——马克思世界历史理论的"亚洲问题"》,《山东社会科学》2021年第6期。

④ 邢科:《论马克思主义史学的宏观视野——以上田茂树〈世界历史〉为中心》,《哈尔滨工业大学学报》(社会科学版)2021年第6期。

⑤ 周雨霏:《马克思主义史学与二战前及战时日本的亚洲观——以"亚细亚的"一词的流行与语义变迁为中心》,《史学月刊》2021年第11期。

生及发展。①

从研究机构看，高等院校是主要研究力量。据统计，复旦大学历史学系、华东师范大学历史学系、中国社会科学院世界历史研究所、上海师范大学人文学院、北京大学历史学系、北京师范大学历史学院、上海大学文学院等2021年在世界史领域的研究成果较为丰硕，保持着自身在教学与科研上的双轨优势；与此同时，从相关学者的发文量上观察，广东外语外贸大学东方学研究院王向远、浙江大学历史学院张弛、天津师范大学欧洲文明研究院侯建新、华东师范大学历史学系陈波、西安电子科技大学人文学院史少博、四川大学历史文化学院刘祥等学者在该年度世界史核心期刊发文量方面相对高产，体现出较高的研究热情和学术水平。

基于上述分析，2021年度世界史学科在基于区域国别史研究传统，聚焦日、美、英及朝鲜半岛的同时，积极关切并回应现实命题，将历史研究和现实关怀相结合，努力构建具有中国特色的现代话语体系。与此同时，"构建人类命运共同体"倡导下的全球化进程，亦伴随着一种逆全球化思潮，以及随之而来的后现代时期人们对"民族与国家建构"的再思考；加之，当前俄乌战争局势变化引发对冷战思维、欧洲安全机制、领土与国家主权等议题的讨论，2022年世界史研究关键词整体趋势基本有两方面初步预判：一是从新史学视角进行中外关系分析和比较文明研究，体现出当下注重在不同背景中寻求共同利益，在葆有自身文化自信的同时加强理解互鉴的时代要求，进而为构建人类文明新形态提

---

① 于沛：《李大钊的世界历史观》，《世界历史》2021年第3期。

供重要理论支撑和中国贡献;二是就文明的冲突与世界秩序的前景进行再思考,百年变局之下的疫情、局部战争、大国博弈使得冷战以来维系的相对稳定的国际格局发生深刻变革,文明之间的冲突或融合将对国际秩序产生持续的影响。

(执笔:余姝毅)

七 文化与旅游研究

伴随新冠疫情防控常态化以及云直播、新媒体等文化传播手段的创新发展，文化与旅游实践面临新的挑战与机遇，越来越多的学者和机构关注与剖析文化与旅游的发展态势与理论逻辑。在此背景下，为比较全面、准确地把握文化与旅游研究的现状、热点与趋势，本部分共整理2021年文化与旅游研究领域核心论文5879篇，并运用VOSviewer等文献可视化工具对论文的学术关键词进行分析（见图7-1）。

通过整理热点关键词的频次与关联强度（见表7-1），观察关键词共现知识图谱可知：2021年文化与旅游领域研究精彩纷呈，脉络分明。"乡村振兴""乡村旅游""旅游产业""文旅融合""非物质文化遗产""影响因素""高质量发展""文化自信""文化产业""生产性服务业""博物馆""中华优秀传统文化"等词语高频出现，为文化与旅游学界的年度研究重点。同时，结合知网的样本文献分析与归类各热点关键词，发现"乡村振兴""乡村旅游"等关键词反映出2021年文化与旅游学界关注的重点区域为乡村；"旅游产业""文化产业""非物质文化遗产"等是

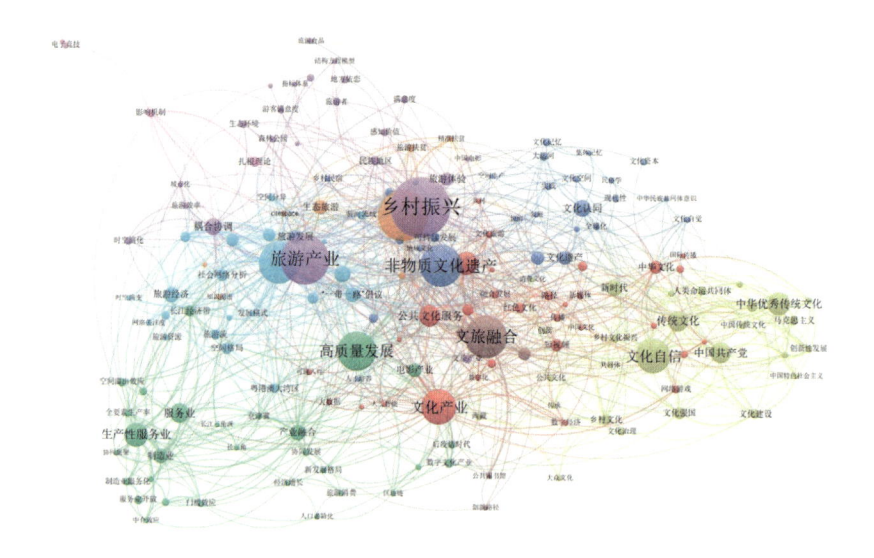

图 7-1 文化与旅游研究热点

2021年文化与旅游研究关注的基础对象；"文旅融合""文化自信"等关键词为2021年我国文化建设的聚焦点；"影响因素""高质量发展"等关键词对2021年的文化与旅游相关现象进行了总结与展望。

表 7-1 热点关键词的出现频数与关联强度

序号	出现频数	与其他关键词的关联强度	热点关键词
1	155	257	乡村振兴
2	130	192	乡村旅游
3	124	224	旅游产业
4	105	188	文旅融合
5	103	151	非物质文化遗产
6	102	203	影响因素
7	96	203	高质量发展
8	85	147	文化自信
9	85	137	文化产业
10	57	105	生产性服务

续表

序号	出现频数	与其他关键词的关联强度	热点关键词
11	54	67	博物馆
12	53	84	中华优秀传统文化
13	50	78	公共文化服务
14	49	82	中国共产党
15	48	68	传统文化

2021年，文化与旅游研究最热、关联强度最强的关键词是"乡村振兴"，而"乡村旅游"也因乡村振兴的政策导向受到学界的广泛关注，是出现频次排名第二的热点关键词。据统计，"乡村振兴"与"乡村旅游"的相关文献共有556篇，占2021年度文化与旅游研究刊文总量的9.63%，这说明乡村地域的振兴之路以及旅游发展模式是研究的重点与焦点。乡村振兴是中国特色社会主义新时代进程中农业农村农民改革发展的战略设计和总体部署，2017年，党的十九大报告明确提出要大力实施乡村振兴战略，建立健全城乡融合发展体制机制和政策体系[①]；2018年，《中共中央国务院关于实施乡村振兴战略的意见》确定了"产业兴旺、生态宜居、乡风文明、治理有效、生活富裕"五大乡村振兴总体要求；2021年，《中共中央国务院关于全面推进乡村振兴加快农业农村现代化的意见》又进一步提出"全面推进乡村产业、人才、文化、生态、组织振兴"的发展要求。由此可见，乡村地域的经济、文化、社会发展长期处于国家战略位置，受到党和国家的高度重视。

2021年，学者们积极响应国家政策的迫切要求与乡村发展的

[①] 吴理财、解胜利：《文化治理视角下的乡村文化振兴：价值耦合与体系建构》，《华中农业大学学报》（社会科学版）2019年第1期。

现实需要，深入调研各乡村的文脉、地脉、人脉，探究乡村旅游与乡村振兴的耦合协调机制，与"乡村振兴""乡村旅游"相关的高频关键词有"文旅融合""非物质文化遗产""生态旅游""产业融合""乡村振兴战略""乡村文化""旅游扶贫""高质量发展"等。同时，围绕乡村振兴战略的新发展与实践需求，该年度文献尤为关注产业发展、生态建设与文化传承三方面内容。在产业发展方面，研究一是聚焦于"旅游扶贫"，探索延长乡村产业链的路径，强调重点发展特色农产品加工、乡村休闲旅游、农村电商等产业，注重"旅游产业"的多功能性价值，以旅游为拉力源推动乡村产业融合发展，探寻精准扶贫的对策；二是通过发展"乡村民宿""文创产品""旅游食品"等乡村旅游模式，良好地对接互通乡村经济、文化、政治各系统，进一步带动相关经营主体利用乡村自然资源和人文资源，把农耕活动与休闲农业、传统农业文明与现代乡土文化有机结合起来，从而缩小城乡差距、优化农村产业结构、促进农业现代化发展。在生态建设方面，研究一是认为旅游发展应植根于乡村优质的生态环境，尊重农村原生的生态系统，并依托"森林公园""国家公园"等发展生态旅游，进一步提高游客满意度；二是希望通过旅游发展反哺乡村基础建设，改善人居环境，打造"生产、生活、生态"为一体的内生性低碳经济发展模式，构建美丽宜居村庄新面貌。在文化传承方面，研究一是希望通过合理的旅游开发整合文化惠民资源，探索"文化传播""文化治理"的创新实现模式，构建公共文化服务体系，加强"传统文化""红色文化""农耕文化"的传承与发展，尤其注重推进"非物质文化遗产"和"农业文化遗产"的保护与利用；二是探究乡村旅游在发展过程中，如何动态性地演化乡村历史和空间地域，进而完善乡村农耕文化传承体系、建构乡村现代文化产业体系、创新乡村现代文化治理体系，加快助力乡村文化振兴①。

2021年，学者们仍延续往年热点，"文旅融合"成为文化与旅游研究又一个热点关键词，与"文旅融合"相关的热词有"文化产业""旅游产业""影响因素""公共文化服务""非物质文化遗产""博物馆""耦合协调""产业融合""实现路径"等。文化是当代旅游业得以发展的核心驱动力，旅游活动的方方面面都渗透与体现着文化因素，文化与旅游具有天然的耦合性，旅游既是经济性很强的文化事业，又是文化性很强的经济事业。因此，为遵循实践发展规律，进一步推动文化产业与旅游产业融合共生，更好地服务于我国的文化强国建设。2018年，原文化部、国家旅游局职能合并，组建成文化和旅游部协同发展，"文旅融合"已然成为文化产业与旅游产业高质量发展的现实选择。与此同时，"文旅融合"上升为国家文化发展的重大战略，跻身成为学者们研究的焦点与热点，有关两者融合的原因、对象、方式、措施等研究成果层出不穷。

依据"文旅融合"这个核心关键词以及与之相关联的重要关键词，文旅融合研究的年度特征大致表现在以下四个方面：一是文旅共生理论研究的纵深推进，学者们着重找寻两者融合发展的内外部影响因素，包括文旅融合的顶层设计和规划原理、文旅融合的宏观环境与内在动力机制、旅游者的文化需求与文化体验等，文化身份认同、价值共创、文化场域与文化互动、文化空间

---

① 罗哲、唐迩丹：《农村公共文化服务的结构转型：从"城市文化下乡"到"乡村文化振兴"》，《四川师范大学学报》（社会科学版）2019年第46期。

生产等成为重要的理论分析工具；二是文旅产业耦合协调发展的深入研究，尤其关注博物馆等公共文化服务机构以及经济较为落后的乡村地域的产业融合机制，运用融合水平评价体系来构建文旅产业耦合的指标系统和模型，从而量化探索文化产业与旅游产业的协同性关系；三是文旅融合路径的全面探索，从政府、企业、游客等多方利益主体层面出发，挖掘产业融合、资源融合、主体融合、功能融合、技术融合等各类融合的创新路径，"非物质文化遗产""少数民族"聚居地的地理分布、旅游开发及旅游发展对文化的影响走进学者们的研究视野①；四是文旅融合实践的高度重视，从满足游客的多元文化需求角度出发，强调产品的多样化与品牌化、"非物质文化遗产""传统文化"的活态化与舞台化、文旅项目的创新化与数字化等，注重文化保护与旅游开发的可持续发展。

"文化遗产"是历史留给人类的财富，是文旅学界多年持续研究的热点关键词。文化遗产从存在形态上可以分为有形的文化遗产——物质文化遗产以及无形文化遗产——非物质文化遗产，物质文化遗产是指具有历史、艺术和科学价值的文物；非物质文化遗产则指各种以非物质形态存在的、与群众生活密切相关且世代相承的传统文化的精华部分，它承载国家的特定价值取向，体现民族特定的生活方式，展示国民自我认同的凝聚力，是从历史上遗留下来的宝贵的精神财富，也是不可再生的遗产旅游资源②。

2021年，中共中央办公厅、国务院办公厅印发《关于进一步

---

① 徐翠蓉、赵玉宗、高洁：《国内外文旅融合研究进展与启示：一个文献综述》，《旅游学刊》2020年第35期。

② 张举文：《从实践概念"非物质文化遗产"到学科概念"文化遗产"的转向》，《民俗研究》2021年第5期。

加强非物质文化遗产保护工作的意见》,指出非物质文化遗产对于延续历史文脉、坚定文化自信、推动文明交流互鉴、建设社会主义文化强国具有重要意义,要健全非物质文化遗产保护传承体系、提高非物质文化遗产保护传承水平、加大非物质文化遗产传播普及力度,这说明非物质文化遗产作为中华文明绵延传承的生动见证,受到党和政府高度重视。2021年,学者们也将研究视角从物质文化遗产更多地转向非物质文化遗产,"非物质文化遗产"便成为文化与旅游研究的另一热点关键词,共发文301篇,达到刊文总量的5.11%,与之相关联的关键词有"乡村振兴""文旅融合""传统文化""影响因素""文化认同""博物馆""文化产业""文化自信""'一带一路'倡议""旅游发展""文化传播"等。根据这些重要的关联关键词,2021年非物质文化遗产领域的研究大致可以分为以下三个部分:一是非物质文化遗产的保护与传承,学者们探寻影响非物质文化遗产"空间分布"的因素,认为一个区域"少数民族"与传统乡村的分布形态对非物质文化遗产的构成密切相关,在实际保护过程中要尊重非物质文化遗产的原生文化环境,保持遗产资源的原真性,按照非物质文化遗产的文化空间结构,"原滋原味"地进行修复与保护;同时,"文化传承"是非物质文化遗产得以持续延续的重要因素,传承者需要明确自己的中心地位,科学确定非物质文化遗产的展示渠道、传承方式。二是非物质文化遗产的利用与发展,"非物质文化遗产"是某一民族种群和地方水土的特殊创造与特别涵养,少数民族聚集区及传统村落需要加快促进"文旅融合",通过"旅游发展",活化当地的非物质文化遗产资源;同时,还要顺应国家经济建设以及文化建设的战略布局,要在"一带一路"倡议下有针对性地开发与利用非物质文化遗产资源，也要注重"粤港澳大湾区""京津冀"等国家重点发展区域的非物质文化遗产的传承与发展；最后，非物质文化遗产的展示需多形式、多渠道结合，除了创新传统的"博物馆"展览模式，还要巧用"短视频"等文化传播新形式，创新性转化、创造性发展非物质文化遗产。三是非物质文化遗产的时代价值，非物质文化遗产的活力蕴藏在民族群众的精神、情感与日常生活中，因此其价值体现离不开文化育人的作用，据此，非物质文化遗产的旅游开发要兼顾社会效益与经济效益，邀请政府、居民、游客进行"价值共创"，服务于我国的文化建设，增强国民的文化自信。

党的十八大后，我国在"道路自信、理论自信、制度自信"三大自信的基础上进一步提炼出"文化自信"，我国文化自信相较于其他三个自信，是更基础、更广泛、更深厚的自信，拥有着更基本、更深沉、更持久的力量[①]。自此，学界紧跟政策导向，学习、研究与阐释文化自信的论文增多。回顾近三年来文旅学界针对文化自信的研究历程，可发现该论点的热度逐年攀升，相关文献数量逐渐增加，2021年的论文成果已达到204篇，占据发文总量的3.47%。同时，该热点研究的深度与广度也逐渐增强，学者们以"文化自信"为关键要点，与其相关的关键词有"非物质文化遗产""中国共产党""中华文化""传统文化""文化认同""文化建设""文化强国""新时代"等。究其研究呈现火热趋势的原因，应是近年来我国文化软实力增强，国家对文化工作的开展愈发重视，相关研究也便持续更进。

---

① 曹润青、冯鹏志：《中国共产党百年来文化建设的主题、本质与道路》，《党政研究》2021年第1期。

七　文化与旅游研究

2021 年是中国共产党建党一百周年，也是"十四五"开局之年，"中国共产党"更加受到文旅学界的关注，是文化与旅游学界的热点关键词之一，与之相关的关键词有"马克思主义中国化""文化自信""文化强国""中华民族""红色文化""中华优秀传统文化""习近平总书记"等。中国共产党诞生以来的百年历史中，党的发展与中国文化的命脉走向始终紧密相连，在党的百年诞辰，文化与旅游学界依据光辉历史和实践发展的要求，深入学习与领略党史文化，不断探索与深化"马克思主义中国化"的文化建构，学习习近平总书记的重要讲话，发扬中华优秀传统文化，牢固"人类命运共同体"等意识，回顾"中华民族"的奋斗历程，构建新时代中国特色社会主义文化建设规律性、原创性的理论体系。同时，学者们系统总结中国共产党文化理论建设的百年历史经验，进一步开展爱国主义教育与发展红色旅游，增强我国文化建设事业的理论自觉与行动自觉，为党在 21 世纪领导中国人民建成社会主义文化强国、实现中华文化伟大复兴提供历史启示与理论支撑[1]。

在研究方法上，学界注重服务于文化产业与旅游产业的实践问题，尤为强调探索影响文旅产业发展的因素，探寻背后的深层机理，找到有效的解决措施。"影响因素"便为 2021 年度的高频词语之一。在量化研究方面，学者们借助地理学、经济学、统计学的知识，运用"地理探测器""社会网络分析""结构方程模型"等量化分析，找寻影响"入境旅游""旅游经济""旅游产业""乡村旅游""文旅融合""文化遗产"等的内外部因素，厘

---

[1] 李彦:《论中国特色社会主义文化体制改革的学理基础》，《广西社会科学》2021年第 11 期。

清"空间分布""时空演变""网络关注度""空间格局""旅游流"等的呈现与发展机理。该年度研究还尤为注重"长江三角洲""京津冀""黄河流域""粤港澳大湾区""长江经济带"等国家旅游重点开发区域的旅游经济与旅游发展格局。在质性研究方面,"扎根理论"关键词突现,文化与旅游学界尝试用访谈法、专家测评法等分析游客对于"公共文化服务""生产性服务"的内在感受,探索游客体验感的"影响机制",评估游客满意度。

在文旅产业的未来发展走向方面,"高质量发展"是最为高频出现的词语,与之关联的热词有"文旅融合""文旅产业""服务业""公共文化服务""乡村旅游""乡村振兴""产业融合""红色旅游""一带一路"倡议"后疫情时代""新发展格局"等。高质量发展是"十四五"乃至更长时期我国经济社会发展的主题,关系我国社会主义现代化建设全局[①],尤其是在疫情逐渐得到控制,文旅产业呈现快速恢复的欣荣态势下,面对大众精神需求的多样化与精致化,如何实现供给与产出有效、推动文旅产业高质量发展,受到了学界的广泛关注。2021年文化经济、服务业经济的发展态势引发学者热议,研究服务业、文化产业等转型升级的文献层出不穷,后疫情时代以及新发展格局下,文旅产业的可持续发展牵动着学界的主体研究方向。

从主要研究机构上来看,高校仍为文献产出的核心力量。中山大学地理科学与规划学院、南京大学地理与海洋科学学院、南开大学旅游与服务学院、中山大学旅游学院、武汉大学国家文化发展研究院、北京大学城市与环境学院、中山大学旅游发展与规

---

① 戴学锋、杨明月:《全域旅游带动旅游业高质量发展》,《旅游学刊》2022年第37期。

划研究中心、中国传媒大学传播研究院、南京师范大学地理科学学院、云南大学工商管理与旅游管理学院、复旦大学旅游学系等充分发挥学科优势，在文旅方面发文量较多，彰显了深厚的学术实力。在知名学者方面，云南财经大学明庆忠、湖南师范大学王兆峰、中山大学孙九霞、陕西师范大学孙根年、武汉大学傅才武、南京师范大学黄震方、中国旅游研究院胡静、中国旅游研究院谢朝武等为2021年度的高产学者。

综上，2021年文化与旅游研究"百花齐放，百家争鸣"，呈现出四方面的态势：一是强调扎根于实践，解决现实问题，紧跟国家的文化政策方针与发展战略，致力于探索社会主义文化强国之路，该态势在"文旅融合""乡村振兴""乡村旅游"等关键词中有所体现；二是受新冠疫情的冲击，更加注重旅游方面危机意识与应对变化的相关研究，强调提升旅游目的地的韧性，该态势在"高质量发展""产业融合""创新路径"等关键词中有所体现；三是注重多学科视角融合，巧妙借用经济学、地理学、历史学等相关理论，剖析各类旅游现象的成因与深层机理，该态势在"影响因素""空间分布""社会网络分析"等关键词中有所体现；四是强调文化振兴，致力于挖掘与激发中华优秀传统文化的内生动力，鼓励国民形成身份认同，增强我国的文化软实力，该态势在"文化自信""中国共产党""非物质文化遗产"等关键词中有所体现。

此外，根据现有的研究背景与趋势，我们初步推测"文化自信""文旅融合""乡村振兴""乡村旅游""高质量发展"等将在未来文化与旅游相关的论文成果中持续高频出现，一是因为国家政策的持续推动，如"乡村振兴""全域旅游""文旅融合"

等上升成为国家战略，为学术研究指引了大方向；二是"三农问题""文化建设"问题等是关系国计民生的大事，需要依据时代变革以及现实环境针对性地找寻乡村旅游以及文旅融合等的科学发展路径；三是"国家文化公园""一带一路"倡议"文化共同体"等新兴文化与旅游发展的时事热点不断涌现，需要新的理论进行阐释、解读与提升。

（执笔：杨雨晴）

八　考古学研究

2021年是仰韶文化发现和中国现代考古学诞生一百周年。厚植文化自信、助力民族复兴，是中国考古学的初心和使命。通过对考古学研究中2822篇代表性文献的分析：在考古学文化方面，"仰韶文化""二里头文化""石家河文化""三星堆文化"等是高频关键词；研究年代方面，"新石器时代""汉代""唐代"等是研究重点词；新出文献与器物方面，"青铜器""清华简""墓志"等均为学界备受关注的关键词。文中将以断代考古、考古学理论、边疆考古、科技考古、器物研究、文化遗产保护与研究总体动态、趋势与分布等方面进行深入分析与阐述。

（一）断代考古

研究年代上，中国考古学的学科内容包括"百万年的人类史、一万年的文化史、五千多年文明史"，即中国考古学的旧石器时代考古学、新石器时代考古学与历史考古学，后者包括夏商周考古学、秦汉至元明考古学。百年考古学实践重建了中国史前史，揭示了我国早期人类起源、史前文化与中华文明发展、统一多民族国家历史进程，并且极大丰富和完善了有文献以来历史时

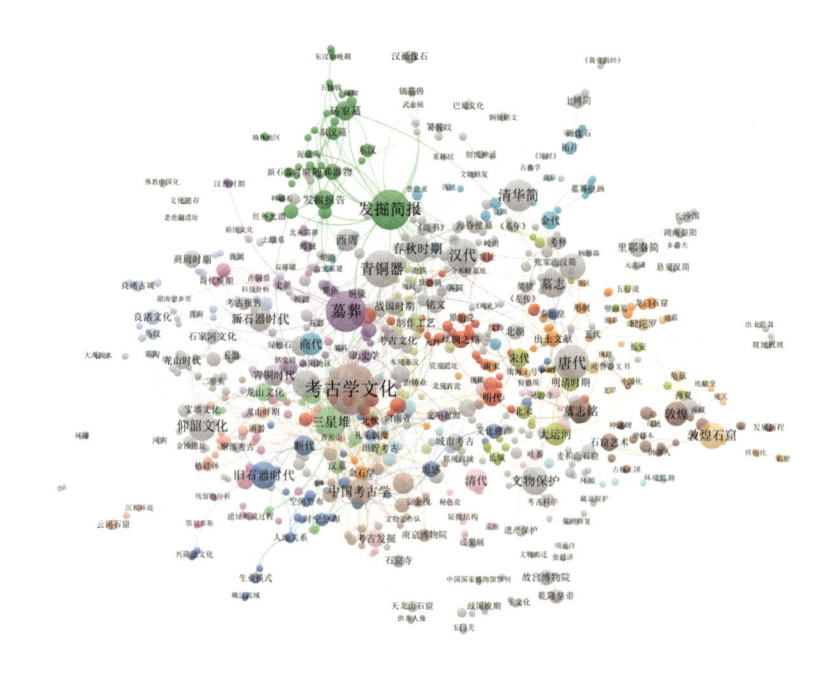

图 8-1　考古学研究热点

代的中国历史,展现了多元一体、博大精深、源远流长的中华文明风采。

在百万年的人类史研究中,"旧石器时代"与"石制品""周口店遗址""生业模式""人地关系"等关键词密切联系。石制品分析即是利用实验模拟、残留物提取和显微观察等科研手段,通过对石器的形态、疤痕特征等信息载体的分析,以破译古人类的技术特点和思维活动。在我国诸多旧石器遗址中,北京周口店遗址是我国古人类学、旧石器时代考古学和第四纪地质学的发源地。在同时期古人类遗址中,其材料最丰富、最系统和最具科研价值。旧石器时代遗址对研究古人类行为模式与环境间的关系具有重要意义。2021 年度全国十大考古新发现中的四川稻城皮洛遗址中数量丰富且制作精美的手斧等西方阿舍利遗存,对研究早期人类东西方文化交流、阿舍利技术传播路线等问题都提供了关键性证据①，有助于追溯人类命运共同体的远古根系和源远流长的华夏民族与中华文明的史前根脉。

在"一万年的文化史"研究中，"新石器时代""文化交流"及相关的一系列考古学文化成为高频关键词。新石器时代在中国历史上是古代经济、文化向前发展的新起点。2021年是仰韶文化发现100周年。仰韶村的发掘标志着中国新石器时代考古学的开始，也标志着中国现代考古学的诞生。仰韶文化是中国现代考古学史上命名的第一个考古学文化，也是中国第一个被科学认识的新石器时代文化，它的出现推翻了中国无石器时代文化的结论。新石器时代考古作为中国百年考古蔚为壮观的成就之一，其满天星斗的考古发现显示了中国不同区域在文明化进程中的交流与融合，最具代表性的地区中心性遗址包括长江流域中的良渚文化、黄河流域的仰韶文化与西辽河流域的红山文化等，并最终形成了被称为"中国相互作用圈"的文化共同体。

在五千多年文明史研究中，以"夏""商""周"三代及相关考古学文化、遗址与"汉代""唐代"热度最甚。夏商周时期，是中国文明的初步发展时期，也是中国国家从原始状态发展到成熟状态的时期。夏商周断代工程首席科学家、北京大学考古文博学院教授李伯谦提出应将二里头遗址作为探索五千年华夏文明的基石，他认为"百年考古，发现了从旧石器时代到青铜器时代一系列重要遗址，建立了考古学分期标尺，厘清了发展谱系，证明

---

① 徐秀丽：《"考古中国"重大项目重要进展工作会在京召开》，《中国文物报》2021年9月28日第1版。

从古至今中国文化的发展是一脉相承、不曾间断的①"。三代后，秦汉开启中国统一多民族国家的历史进程。汉唐代考古学对于研究、理解汉族及以汉族为主体的中华民族形成与发展有着重要意义。"汉代"这一关键词与"墓葬""海昏侯""画像石""彩绘陶器""铜镜""悬泉汉简"等主题密切相关；"唐代"考古研究聚焦点的"吐鲁番文书""摩崖造像""法门寺""金银器"等，均反映出田野考古资料对于汉唐历史研究的重要意义与多元价值。

（二）考古学理论

在考古学理论方面，相关研究热度也显著高涨，重要论文刊发数量较前五年呈现为一个高峰态势。2020年9月28日，中共中央政治局以我国考古最新发现及其意义为题举行第二十三次集体学习，其中习近平总书记在主持学习时强调"要高度重视考古工作，努力建设中国特色、中国风格、中国气派的考古学"。习近平总书记的重要讲话深刻阐明了我国考古工作的重大意义，为我国考古事业的发展指明了方向。"中国考古学"成为2021年度高频关键词。中国社会科学院历史学部主任、中国考古学会理事长王巍表示，要建设中国特色、中国风格、中国气派的中国考古学学科体系、学术体系和话语体系，让中国考古学更好地走向大众、惠及民众，增强中国考古学的国际影响力和话语权，为实现中华民族伟大复兴作出中国考古学新的独特贡献②。

有关"学术史""考古学史"的刊文数量保持平稳增长。建设中国特色、中国风格、中国气派的考古学，必须以新时代下的

---

① 徐秀丽：《"考古中国"重大项目重要进展工作会在京召开》，《中国文物报》2021年9月28日第1版。

② 李瑞：《王巍代表：开展中国考古学诞生一百周年系列纪念活动》，《中国文物报》2021年3月9日第2版。

新要求为导向。值学科百年发展的重要节点上，从理论高度出发的系统性回顾有利于总结百年成就经验，厘清当代中国考古学的任务与使命，并展望未来发展形势。其中，"考古学文化"与"考古学史"关联度密切。考古学文化是指存在于一定的时间和空间的一组具有特征的实物遗存，用以表示考古遗存中（主要是史前时期）属于同一时期、有地方特征的文化共同体。该词作为当代考古学理论与方法研究中极为重要的概念，成为2021年度高频关键词。其中，以《中国社会科学》九月刊中一系列文章最具代表性与影响力；其研究主要站在学术史角度，从理论高度探讨了唯物史观与中国考古学、考古学理论与方法、考古学与历史学研究的异同等重要议题。由此可见关于中国现代考古学理论的范式变迁与理论体系发展的方向将持续成为考古学理论研究的热门课题。此外，作为世界考古学重要组成部分的中国考古学也在结合本土考古实际的基础上，积极借鉴国际学界的进步和成果，包括《史前家户考古的操作模式研究》[1]《考古材料研究的新视角：人与物之间关系的纠缠理论分析》[2]等文对于家户考古、"纠缠"理论等最新研究的介绍与实践运用。这无疑为中国考古学材料的多元阐释与"透物见人"目标的实现提供了新视角、新思路。

（三）边疆考古

在考古学实践中，百年来中国边疆地区的考古工作成果斐然，每年的新发现新成果引人注目。在此背景下，"边疆考古"这一关键词热度持续升温。2021年2月18日至19日，由中国考

---

[1] 王红博、陈胜前：《史前家户考古的操作模式研究》，《东南文化》2021年第1期。
[2] 刘岩：《考古材料研究的新视角：人与物之间关系的纠缠理论分析》，《东南文化》2021年第1期。

古学会、中国社会科学院考古研究所主办的第三届中国边疆考古论坛在京举办。其中，中国考古学会边疆考古专业委员会主任、中国人民大学教授魏坚在致辞中为构建中国边疆考古研究学术体系提出几大建议，对中国边疆考古事业的未来提出展望[①]。

由于边疆考古的特殊性和重要性，边疆考古研究成果能够实证中华民族共同体意识和中华文明多元一体格局。作为中国考古学的重要组成部分，边疆考古不但是维护国家统一、促进民族团结的重要途径，也对探讨中华民族多元一体格局形成的历史进程具有重要意义。以"边疆考古"为主题，《内蒙古察右前旗旗杆山东汉晚期鲜卑墓葬颅骨研究》[②]等被引次数较高的论文从体质人类学、民族考古学和环境考古学等不同分析视角出发，探讨了物质文化交流、民族交往联系等重要课题。

边疆考古也在拓展国际视野、树立国际眼光、深入推动丝绸之路研究、促进国际学术交流方面取得重要成就。值2021年之际，中国考古的国际学术话语权和影响力不断提升，共计有三十多支考古队赴国外开展合作考古项目，足迹达全球二十多个国家和地区。蒙古、俄罗斯以及中亚地区的合作研究成果充分展现出古代丝绸之路上的物质交换、族群迁徙、思想交融和文明互动。

同时，边疆地区考古资料的整理和发表呈递增趋势，诸多学术单位每年不断推出高水平、多角度的研究成果。相关文献作为考古综合研究的材料基础，为建设具有中国特色、中国风格、中国气派的边疆考古的学科体系、学术体系和话语体系做出积极贡

---

① 《第三届中国边疆考古论坛在京举办》，《文物鉴定与鉴赏》2021年第24期。
② 胡春佰等：《内蒙古察右前旗旗杆山东汉晚期鲜卑墓葬颅骨研究》，《文物春秋》2021年第2期。

献。在人才队伍建设方面，通过在国际学术会议、高层次人才培养、科研平台共建等方面一系列的密切合作，中国与周边国家的研究专家、团队、机构已形成了良好的交流机制和合作框架，并有望在未来继续深化联合申遗的工作。

（四）科技考古

21世纪的考古学是一门以人文社会科学为指导思路、广泛采取自然科学研究方法和技术的交叉学科。科技考古就是应用自然科学等相关学科的方法和技术开展考古学研究。2021年科技考古在各方面开枝散叶，数字考古、年代测定、古DNA研究、同位素研究、有机残留物分析、环境考古、人骨考古、动物考古、植物考古、冶金考古、陶瓷科技考古、玉石器科技考古等多个领域都取得了进步和发展。

碳十四测年方法的运用和发展为研究考古材料的绝对年代提供了技术支持。此外考古地磁断代、地层沉积磁性断代、热释光断代、树木年轮断代、铀系法断代等技术均有发展。2021年，三星堆考古广受关注，"三星堆"也成为学术热词。三星堆祭祀坑的年代问题困扰学术界多年，2020年启动的新发现祭祀坑的系统发掘为解决这一问题提供了契机。《四川广汉三星堆遗址四号祭祀坑的碳十四年代研究》中对2020年广汉三星堆遗址新发现祭祀坑的年代问题进行了讨论，联合单位对四号祭祀坑开展了碳十四年代研究，得到6个碳十四年代数据，经过贝叶斯统计树轮校正计算得到其埋藏年代有95.4%的概率落在距今3148—2966年的时间范围之内，属商代晚期。[1]

---

[1] 谢振斌等：《四川广汉三星堆遗址四号祭祀坑的碳十四年代研究》，《四川文物》2021年第2期。

"遥感"是 2021 年较为突出的科技考古方面关键词。遥感技术在以遥感数据为主要材料的考古工作中，目前主要应用于考古遗址的室内调查和预测、地下和地上遗址的探测、遗址测绘和历史遗址的虚拟恢复。例如《城市考古研究中空间分析的理论与实践——基于遥感与地理信息系统》[①]一文中，总结了遥感技术在城市考古中的运用，其对城市复原方面及城址地貌分析方面都有重要作用。同时，第五届国际遥感考古年会暨中国太原明代藩王陵墓科技文物考古科学研讨会于 2021 年 5 月在中国山西太原举行，来自国内外大学院所的二十名专家先后围绕遥感技术应用发展、三维重建科技应用、古代彩绘器物的虚拟复原技术等课题，开展了研究成果分享。

（五）器物研究

出土器物研究上，"青铜器""石刻""简牍""墓葬"研究热度有所增加，其中以青铜器的研究深度、广度和丰富度最甚。前三者作为重要的出土遗物在微观人物生平、时代重大变革、政治文化内涵等方面具有丰富研究价值。墓葬是考古学研究中关键的遗迹单位，其以考古出土之墓葬材料为基础，结合文献材料来探讨社会习俗以及"事死如事生，事亡如事存"的宗教伦理行为与观念。

中国古代青铜器源远流长、辉煌灿烂、闻名于世。它以造型优美、铭文典雅、铸造精巧等诸多特点，折射出深刻的历史文化内涵，是中国古代文明的重要标志之一。我国大件青铜器最早出现在二里头时期；到二里岗时期及殷墟文化时期，出现了大量气势恢宏、纹饰繁缛的呈组合式青铜器。西周、东周时期，出现了一大批具有长篇铭记历史事件文字的青铜器。青铜器的制造和发展，历代

---

① 任冠、魏坚：《城市考古研究中空间分析的理论与实践——基于遥感与地理信息系统》，《河南大学学报》（社会科学版）2021 年第 1 期。

延绵不断，对青铜器的研究也络绎不绝。多角度研究和探索中国古代青铜器，对研究中华文明起源、文字发展、科技发展、青铜艺术等方面都有重要作用。2021年考古界对青铜器的研究仍然热度不减，具体内涵大致可归为"博物馆馆藏青铜器研究""考古新发现中的青铜器""青铜器原材料、制作工艺等的科技探究""青铜器铭文及历史内涵的考证""青铜器的修复与保护"五类。

从考古新发现中的青铜器看，以《考古与文物》所发表的《山西垣曲北白鹅墓地M5出土有铭铜器》为例，文中公布了从2020年4月至12月，山西省考古研究院组建的北白鹅墓地考古队，对被盗掘区域内的墓葬进行的抢救性考古发掘，清理出春秋早期大中型墓葬9座中M5的有铭铜器。考古研究者们通过对青铜器铭文的分析确定了M5出土的铜容器及墓葬时代为春秋早期同时得出M5墓主是春秋早期邵原采邑的一代采邑主，即太保燕仲的结论，进而推断北白鹅墓地可能即是燕仲家族的墓地。[1] 与此类似的《安徽凤阳花园湖出土商代铜器》[2] 等文章以新出土青铜器为主要研究对象，对发掘青铜器的基本情况公布的同时进行初步分析，也为之后的研究提供了基础资料。

博物馆馆藏青铜器研究部分中有《荥阳市博物馆藏青铜器考述》[3]《南京大学考古与艺术博物馆藏北方系青铜器》[4]《中国国家博物馆藏三件六朝青铜器初探》[5] 等文章，其中以中国国家博物

---

[1] 杨及耘等：《山西垣曲北白鹅墓地M5出土有铭铜器》，《考古与文物》2021年第3期。
[2] 朱华东、唐更生：《安徽凤阳花园湖出土商代铜器》，《文物》2021年第4期。
[3] 李根枝、陈芳芳：《荥阳市博物馆藏青铜器考述》，《华夏考古》2021年第5期。
[4] 马强：《南京大学考古与艺术博物馆藏北方系青铜器》，《文物》2021年第10期。
[5] 高晋南：《中国国家博物馆藏三件六朝青铜器初探》，《中国国家博物馆馆刊》2021年第8期。

馆发文数量最多，主要围绕其馆藏青铜器进行单件或组合的分析。

青铜器原材料、制作工艺等的科技探究方面，"铸造工艺"是与青铜器联系密切的关键词。2021年，除了传统的器型、铸造工艺、纹饰等的研究以外，铅同位素分析法、金相分析以及互联网信息技术等都被应用在青铜器研究中。例如《基于分组 LSTM 与 CNN 的青铜器锈蚀类别智能标识方法》中提出了一种青铜器锈蚀智能标识方法，实验结果表明，该方法在青铜器锈蚀类别的智能标识中具有良好的效果。[1]

青铜器铭文及历史内涵的考证方面，"铜器铭文"是2021年度研究关键词。商周早期青铜器铭文铭有氏族铭文、本家族先人的"日名"或者亲称等、作器者名；到西周中期记录宫廷进行册命礼的铭文开始出现，并逐渐形成模式；西周晚期有较多长篇铭文，内容多为廷礼册命，有关战争、土地诉讼等方面的内容也逐渐出现。青铜器铭文的研究对文字起源与变化、商周历史事件、礼仪制度等都有帮助。2021年相关文章有《殷墟出土的"戈"铭青铜器研究》《从青铜器铭文看西周时期个人命运的转变》等。

青铜器的修复与保护在考古学上的研究主要集中于文物出土、运输、储藏的三个阶段，其与化学、物理学、信息技术学等方面均有结合。例如《破损文物数字化修复：以中国出土青铜器为例》[2]一文中，对通过三维重建和激光扫描等技术对青铜器修复及过程做了总结介绍。

"石刻"是2021年度关键词之一。石刻同样是考古学研究中

---

[1] 王珺等：《基于分组 LSTM 与 CNN 的青铜器锈蚀类别智能标识方法》，《西北大学学报》（自然科学版）2021年第5期。

[2] 魏明强等：《破损文物数字化修复：以中国出土青铜器为例》，《计算机辅助设计与图形学学报》2021年第5期。

的重要对象。石刻的研究可追溯到春秋战国时期,当时学界对石刻的研究分布主要在对古代遗迹、遗物的考证、调查和研究方面。石刻是以石制品为主要对象的雕刻艺术,可分为陵墓石刻、宗教石刻、其他石刻三类。2021年的石刻研究资料分布空间广泛,在中国许多地区均有发现,同时时间跨度较长,涉及唐、东汉、东魏等朝代,研究内容包括法律、服饰、书法、文学等。程章灿认为石刻文献的不同存在形态形式吸引不同的阅读主体,由之产生不同的阅读模式。访碑过程既是一种读碑过程,往往也是读者心灵成长与学术成熟的过程。[①] 在跨学科方面对石刻的研究也有新进展,例如《广元千佛崖石窟石刻彩妆颜料的分析》一文中,应用X射线衍射、剖面显微、扫描电镜能谱、激光拉曼光谱等分析方法,对广元千佛崖8处洞窟的已脱落彩妆颜料层样品进行了分析。该研究为千佛崖石刻彩妆的保护提供了依据,也丰富了文化遗产中使用蓝铜矾颜料的案例,更对彩妆的保存历史研究有潜在价值。[②]

简牍资料是实物与文献双重资料。"清华简"是该研究领域的热词。清华简被称为自汉以来孔壁、汲冢之后经史文献第三次重大发现,内容多涉及中国传统文化核心内容,同传世文献互相释证。"清华简"自问世以来,研究持续深入。清华大学为主要研究机构,2021年以新发布的《五纪》为中心,研究单字、人物、思想等,其他的部分如《说命》《系年》等也有新的看法与发现。清华简埋藏于"焚书坑儒"之前,因此能够最大限度地还

[①] 程章灿:《石刻的现场阅读及其三种样态》,《文献》2021年第4期。
[②] 贺翔等:《广元千佛崖石窟石刻彩妆颜料的分析》,《光谱学与光谱分析》2021年第3期。

原先秦古籍的原貌，对研究古文字和先民思想生活有重要作用。与之相关的关键词有"《史记》""《左传》""《尚书》""《系年》""上博简"等。程浩对清华简《五纪》中皇帝故事进行研究，证明《五纪》除了具有时代早且明确的价值外，内容的丰富性与系统性也都远胜我们以前所见的相关文献，其有助于推进黄帝形象以及古史传说的研究。① 石小力对《五纪》中二十八星宿的探索证明《五纪》对研究二十八星宿的形成和早期流传有重要意义，为先秦天文学史的研究提供了文献材料。② 同为简牍资料的"里耶秦简"也是研究的热点，里耶秦简的成文时间位于秦统一文字之后，目前研究集中于对秦朝的文字、法律制度、经济生活等的分析。

此外，"墓葬""墓葬形制""砖室墓"等也是2021年学界关注热点。墓葬是考古学研究的重要实物遗存，是展示古代历史文化的缩影，随墓葬出土的相关墓志也成为史家弥补正史之阙的重要资料。我国旧石器时代晚期已出现墓葬，新石器时代墓葬已有了一定的形制。墓葬研究一般包括以下几个方面③，即分期研究、空间布局研究、形成研究及建立在骨骼材料分析基础之上的古人口统计、古病理、古食谱及人种、遗传史研究。其中，对时空度的把握是基础，对社会组织、意识形态的研究和对历史的复原、解释是核心，其最终目的还是要探索历史发展规律。2021年墓葬发掘简报公布约110篇，其中包括江苏、浙江、湖北、陕西、河南、山西等地，分布广泛，涉及时代众多。以《山西大同

---

① 程浩：《清华简〈五纪〉中的黄帝故事》，《文物》2021年第9期。
② 石小力：《清华简〈五纪〉中的二十八宿初探》，《文物》2021年第9期。
③ 韩建业：《墓葬的考古学研究——理论与方法探讨》，《东南文化》1992年第Z1期。

北魏贾宝墓发掘简报》为例，墓葬发掘关注墓葬形制、葬具、出土器物及人骨等①。发掘简报也应对重要出土器物或墓葬进行重点阐述。对于部分暂时无法发掘的王陵大墓如汉宣帝杜陵②、陕西咸阳严家沟秦陵等，学界发表了考古调查勘探报告，调查内容包括地层关系、陵区布局所采集的文物。与"墓葬"相关的关键词有"墓志""墓志铭"等。墓志与墓志铭的研究有利于分析墓主生平及所处年代的重大事件、生活习惯等。例如《唐〈慕容智墓志〉考释》一文中，甘肃省武威地区出土的唐吐谷浑喜王慕容智墓志中记载了墓主的家族世系和入侍经历，填补了吐谷浑王族世系的空白。③

（六）文化遗产保护

文物和文化遗产蕴含着丰富深厚的历史价值与人文精神，是中华优秀文明走向世界的一张名片。"历史文化遗产是不可再生、不可替代的宝贵资源，要始终把保护放在第一位。"积极推进第一线的文化遗产保护是后续传承与传播的基础性工程。自党的十八大以来，考古工作者牢记习近平总书记嘱托，全面提升我国珍贵文物与古遗迹的保护工作。在此背景下，2021年"文物保护"成为新的热点方向，相关成果发表量增长明显。

在文物数字化方面，VR、三维激光扫描、遥感等作为广泛利用的技术为文物记录、展示、监测、修复、研究和保护工作提供了新思路。对文物、古建筑等资源全方位扫描并加以数字化处理保存，可为文物修复提供重要参考，也有助于提升文物的预防性

---

① 侯晓刚、张海蛟：《山西大同北魏贾宝墓发掘简报》，《文物》2021年第6期。
② 焦南峰等：《汉宣帝杜陵考古调查勘探简报》，《考古与文物》2021年第1期。
③ 刘兵兵等：《唐〈慕容智墓志〉考释》，《考古与文物》2021年第2期。

保护水平。数字长城、数字敦煌等线上虚拟展示让公众足不出户看文物；石窟寺、石刻、壁画等数字化工作为文物的原真性、完整性修复发挥了重要作用。在国家文化公园建设方面，其中热度最甚的是世界文化遗产大运河，"大运河"也成为2021年学术研究重点关注的关键词，相关主题词包括"运河""中国化""遗产保护"等。2021年4月21日，国家文化公园工作推进座谈会暨"中国建筑文化研究会文化公园工作委员会"成立仪式在京举行。长城、大运河、长征国家文化公园的建设保护规划促进了新时期中国探索文化资源创新性利用和创造性转化。在博物馆展陈方面，2021年5月，中央九部门联合印发的《关于推进博物馆改革发展指导意见》明确提出"健全博物馆考评监督机制"与"健全博物馆质量评价体系"等工作任务，这对于博物馆在陈列设计、活化利用、历史教育等方面提出了更高要求。

（七）研究总体动态、趋势与分布

发掘简报作为考古资料公布的基本手段和形式，反映了一定时期内的考古发掘成果，是考古学的基础性资料、原创性成果，具有永久性学术价值。"发掘简报"成为学术研究中的重点关键词，体现了考古工作的不断拓展，相关的关键词包括"发掘报告""文物考古"等。2021年总共发表发掘简报约二百篇，较以往数量逐年增加，可以看出近年来我国进行考古发掘的遗址增多，这与国家鼓励、提倡考古事业发展不无关系。其中以中原地区和华东地区发表文章数目最多，即黄河流域和长江流域。文明的发展离不开水源，史前先民顺河而居，建立文明。文明社会时期，君主将政治权利中心也多建立在两河流域。同时2021年发表发掘简报中，边疆地区数量增多，可见近年来边疆考古工作成果斐然，新发现引人注目。

从研究机构看，中国社会科学院考古研究所、北京大学考古文博学院、西北大学文化遗产学院、中国人民大学历史学院等保持其一贯的学科优势。中国考古学领域知名学者，如中国科学院大学人文学院考古学与人类学系宋国定，中国人民大学韩建业、陈胜前，以及北京科技大学科技史与文化遗产研究院李延祥等是该年度考古学研究的高产学者。学术期刊与基金支持方面，核心期刊为《考古》《文物》，占总发布期刊的 75.85%，其次有《第四纪研究》《中国社会科学》《历史研究》等。基金分布以国家社会科学基金为主要支持，同时辅以国家自然科学基金、国家重点研发计划、教育部人文社会科学研究基金。除人文社会科学类以外，国家自然科学基金也给予了一定支持，可见随着自然科学和交叉学科的发展，考古学与自然科学联系紧密。这也体现了习近平总书记多次强调的"厚实学科基础，培育新兴交叉学科生长点""要下大气力组建交叉学科群"的跨学科建设要求。

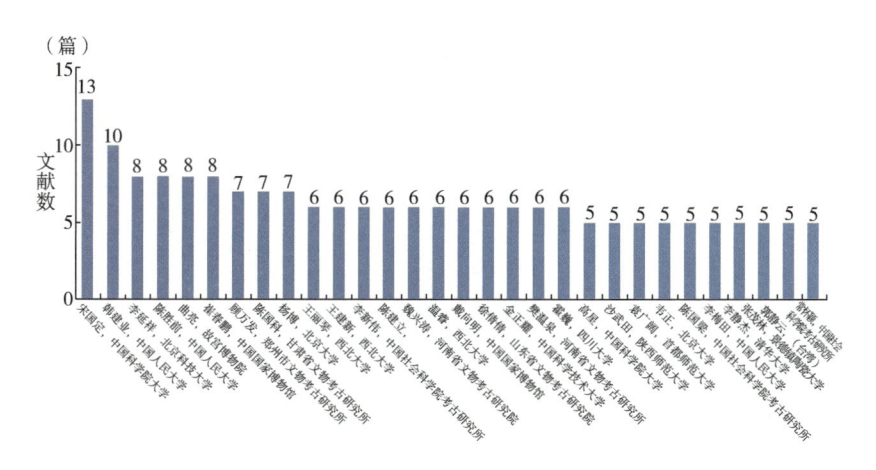

图 8−2　作者分布

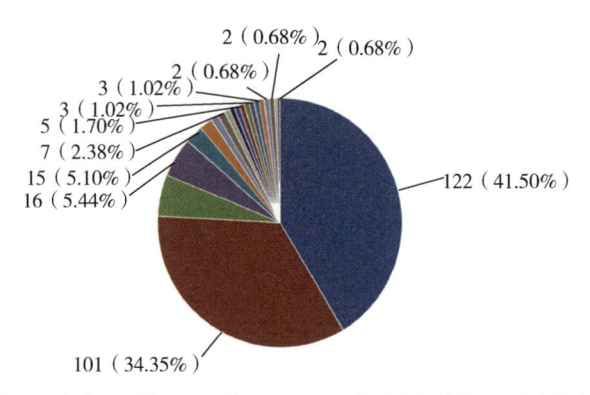

中国人文社会科学学术关键词分析报告（2021年度）

图 8–3 期刊分布

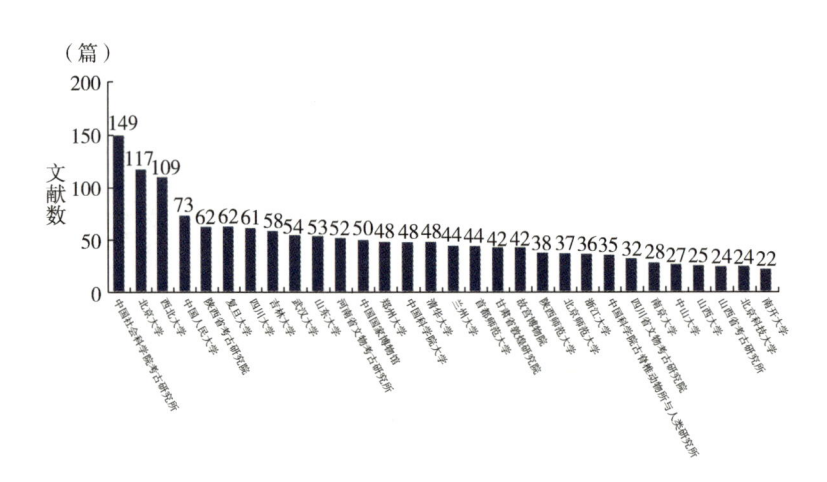

饼图数据：
- 考古 122（41.50%）
- 文物 101（34.35%）
- 第四纪研究 16（5.44%）
- 中国社会科学 15（5.10%）
- 历史研究 7（2.38%）
- 西南民族大学学报（人文社会科学版） 5（1.70%）
- 学术月刊 3（1.02%）
- 社会科学 3（1.02%）
- 岩石力学与工程学报 2（0.68%）
- 清华大学学报（哲学社会科学版） 2（0.68%）
- 中国人民大学学报 2（0.68%）
- 浙江大学学报（人文社会科学版）
- 贵州社会科学
- 经济地理
- 南开学报（哲学社会科学版）
- 城市规划学刊
- 学海
- 北京大学学报（哲学社会科学版）
- 华中师范大学学报（人文社会科学版）
- 图书与情报

图 8–4 机构分布

柱状图数据（文献数，单位：篇）：
149、117、109、73、62、62、61、58、54、53、52、50、48、48、48、44、44、42、42、38、37、36、35、32、28、27、25、24、24、22

百年考古，见证着学者栉风沐雨、砥砺奋进的学术历程，以及追溯中华文明起源、探寻中华文化演进的努力。考古学在学术史回顾、理论方法探讨、多学科交叉研究等方面都取得了长足进步，主要表现在：第一，关注多学科交叉的运用，包括碳十四测年、骨骼考古、动植物考古、古DNA分析、同位素分析、残留物分析等技术的分析与应用。第二，探讨考古学理论与方法，充分运用国内外理论方法的广阔视野，并在考古实践中不断深化。在科技发展日新月异、各学科交叉融合成为趋势的时代背景下，理论多元化、方法系统化、技术国际化的考古学正在逐步建立，并将对人类历史、文明演进以及和社会发展等重点议题的相关研究持续关注。

（执笔：杨子怡、王雨晴）

九 文学研究

2021年文学研究既有鲜明独特的时代性，也有百花齐放的包容性。通过对文学领域9058篇代表性文献的分析，"鲁迅""《红楼梦》""小说创作""文学批评""现代性""网络文学"等为2021年度研究热点词。在2021年度文学研究中，学者们既深挖经典，让经典文学焕发生机，又屹立时代潮头，深刻把握当今文学发展脉搏。

（一）文学人物研究

年度研究的热点人物有"鲁迅""郭沫若""沈从文""周作人""莎士比亚""汪曾祺""王安忆""苏轼"等人，其中"鲁迅"为2021年度文学研究领域的最热关键词。

1. 鲁迅研究

鲁迅是中国新文化的先驱，与鲁迅相关的研究长期以来在文学领域都备受关注，在2021年其所占比例更是明显提升。2021年是鲁迅诞辰140周年，学者们围绕鲁迅的生平经历、思想主张、创作理路、文学作品及其与新文学的关系等方面展开了深入研究，尤其是解读《故乡》《阿Q正传》《伤逝》《朝花夕拾》等鲁

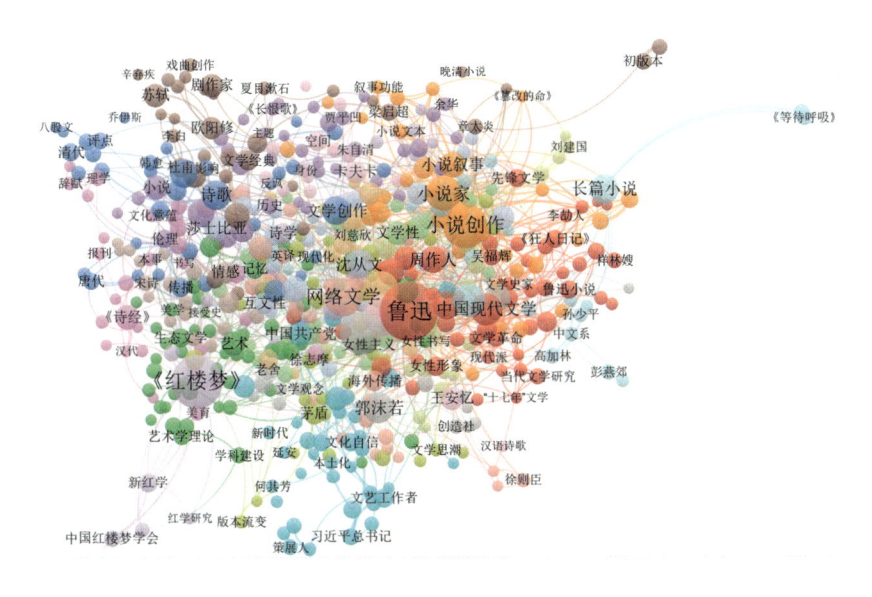

图 9-1　文学研究热点

迅经典作品的研究占据了很大比重，研究视角多围绕小说主题、艺术设计、情感结构、深层意蕴等方面。

以《阿Q正传》为例，叙事文化学方面涉及"叙事诗学""身体叙事""乡下人进城叙事""苦难叙事"等。其中，"身体叙事"是言及较多的议题，有学者从阿Q的"身体生成"由"革命"到"不准革命"而至于"被革命"呈现的复调式叙述形态出发，探讨鲁迅创作的叙事形态中的"反义同体"结构。[①] 也有学者通过探讨"乡村—城市—乡村"的叙事模式，解读《阿Q正传》与中国现当代小说中"乡下人进城"叙事滥觞的关系问题。[②] 学界通过对《阿Q正传》多种叙事艺术的解读，探究鲁迅

---

① 蒋雁虹、赵歌东：《〈阿Q正传〉身体叙事的文化阐释》，《东岳论丛》2021年第12期。
② 古大勇、桂亚飞：《〈阿Q正传〉与中国现当代小说中"乡下人进城"叙事的滥觞》，《鲁迅研究月刊》2021年第3期。

作品中国民性批判主题的承续与发展问题。鲁迅是新文学之父，与20世纪中国新文学的关系十分密切，因此"新文学""现代文学媒介""左翼文学""现实主义""改造国民性"等也是与之相关的重要关键词。

此外学者们还对鲁迅的"立人"思想、文明观、审美观、鲁迅与托洛茨基的思想关联、鲁迅的翻译思想及其与学界同仁关系等方面展开研究。如通过分析鲁迅的作品《摩罗诗力说》《科学史教篇》《文化偏至论》和《破恶声论》等，探讨鲁迅早期文明观的现代性意义；[①] 通过分析鲁迅留日早期译作的思想命题，揭示鲁迅早期留日译作对中国近现代文学翻译转型的关键性影响。[②] 托洛茨基对鲁迅"阶级文学观"的新阐释、"革命人"的提出等思想具有重要影响，因此鲁迅与托洛茨基的思想关联也是重要议题。

2021年，我国鲁迅研究领域中发文较为集中的机构包括：北京大学文学院、鲁迅美术学院、西南大学文学院、南京大学文学院、北京师范大学文学院、北京鲁迅博物馆等。其中北京大学文学院是2021年度鲁迅研究最为突出的机构。相关主题涵盖"狂人日记100年""鲁迅作品及生平研究""鲁迅同时代人研究""鲁迅与空间诗学""鲁迅与新文化运动"等，从不同角度反映了目前国内外最新最前沿的鲁迅研究方向，呈现出了2021年鲁迅研究方法的多样化和理论的专业化。

2. 郭沫若研究

在郭沫若的相关研究中，学者多围绕郭沫若的诗集、历史剧

[①] 戴静：《论鲁迅早期的文明观》，《东南大学学报》（哲学社会科学版）2021年第2期。

[②] 王家平、王明睿：《鲁迅早期留日思想命题和翻译问题再释》，《首都师范大学学报》（社会科学版）2021年第1期。

创作、泛神论思想、郭沫若与其他学人的联系或关系、郭沫若与左翼文学或创造社、郭沫若与日本等议题展开。

首先，在诗集研究方面，《女神》的相关研究成果较显著，有的学者从新诗继承和转化汉语本质特征以及内在精神方面的角度展开探讨[①]，有的则从创作的时代背景入手剖析诗作的情感结构与特点[②]。其次，郭沫若是中国现代历史剧创作的卓越代表，2021年学界对郭沫若的戏剧研究也值得一提，学者们围绕其抗战时期创作的经典历史剧《高渐离》[③]《屈原》展开分析，尤其是在对《屈原》的研究中，无论是从研究视角、研究方法，还是意义价值判断等方面都呈现出了多元化、细节化的研究趋势，既有从《屈原》戏剧接受的历史逻辑与主题阐释导向这一新的思想生发点展开的探讨[④]，也有以新材料作新解的尝试，如以战时首都《屈原》戏剧演出的档案为主要材料对《屈原》展开解读[⑤]。再次，由于郭沫若是唯一一个文学创作贯穿了"五四文学""革命文学""左翼文学""抗战文学""十七年文学"和文艺"拨乱反正"等多个文学发展阶段并且一直处于中国文艺事业核心地位的文坛领袖，因此郭沫若与很多学人都有着千丝万缕的关联，故"郭沫若与学界同仁"的关系和比较研究成果也比较突出。关系研究方面，尤以鲁迅与郭沫若的阶段性关系考察研究为热点，如以"左联"东京分盟刊物《杂文》的创办与发展来考察阶段内鲁

[①] 张伯江：《论〈女神〉的诗体创新——为〈女神〉出版100周年而作》，载《文学评论》2021年第6期。
[②] 李斌：《〈女神〉与"世纪末世界文学"》，《现代中文学刊》2021年第3期。
[③] 宋宁：《郭沫若历史剧〈高渐离〉的版本与修改》，《现代中文学刊》2021年第6期。
[④] 王瑜、周珉佳：《郭沫若历史剧〈屈原〉之"再发现"：戏剧接受的历史逻辑与阐释导向》，《山东社会科学》2021年第3期。
[⑤] 张传敏：《战时首都档案中的郭沫若戏剧〈屈原〉》，《新文学史料》2021年第4期。

郭关系，或是由《上海文艺之一瞥》日译本引发的鲁郭笔战来透析二者的文学立场与选择[1]，此外还有关于郭沫若与闻一多的交谊[2]、与左联的关系[3]以及与《学灯》主编李石岑历史恩怨的梳理[4]，亦有从张资平视野考察创造社及郭沫若形象的尝试[5]；在比较研究中，有学者认为鲁迅、郭沫若、茅盾三者的文学选择分别代表了中国文学现代转型的三种不同范式，鲁迅的文学选择具有鲜明的思想性特征、郭沫若的文学选择更具现代性价值特征、茅盾的文学创作总体偏向理智，反映出中国文学现代发展的新走向、新态势和新特征[6]。此外，"郭沫若与日本"是郭沫若研究中一个涵盖较宽泛的话题，它包括郭沫若与日本社会、日本文化关系的考察与研究，郭沫若在这里也不再仅仅是一个被关注的个体，有时也代表着创造社作家群体，再深入一步，对于整个中国文学研究来讲，郭沫若的文学思想与创作是思考中国现代文学与日本近代文学关系的一个很好的切入点。2021年度便有研究者将郭沫若置于"留日知识分子"这一群体身份背景之下，考察无产阶级革命文艺观的形成与发展[7]，或是以考证郭沫若致《宇宙风》五函的写作时间为基础来透析日本"二二六"事件对

---

[1] 秦刚：《〈上海文艺之一瞥〉版本与译本考识——兼及译本引发的笔战》，《文学评论》2021年第2期。
[2] 商金林：《郭沫若及创造社同人与闻一多的交谊》，《新文学史料》2021年第3期。
[3] 陈俐：《论左翼文学阵营中集结和崛起的四川作家群》，《中华文化论坛》2021年第1期。
[4] 孟文博：《究竟因何而"不平"？——郭沫若与李石岑历史关系考论》，《现代中文学刊》2021年第3期。
[5] 朱宝洁：《从新见材料看张资平视野里的创造社》，《新文学史料》2021年第3期。
[6] 黄健、卢姗：《鲁、郭、茅的文学选择与中国文学现代转型的三种范式》，《天津师范大学学报》（社会科学版）2021年第5期。
[7] 娄晓凯：《留日知识分子与现代无产阶级革命文艺观的勃兴》，《上海师范大学学报》（哲学社会科学版）2021年第2期。

郭沫若的影响①。最后，虽然关于郭沫若的佚文材料考证、整理与研究工作也始终未曾懈怠，但有关郭沫若的境外佚作和外语佚文的研究进展仍相对缓慢，其中2021年郭沫若日文佚作《人民的立场》的考释值得注意②。

（二）文学作品研究

在文学作品研究方面，"《红楼梦》""《诗经》""《阿Q正传》""《文心雕龙》""《民谣》"是研究中常见的关键词，其中"《红楼梦》"是长期以来研究的热点关键词。

1. 红学研究

《红楼梦》是中国古典四大名著之一，囊括中国古代社会世态百相，其研究近二十年间经久不衰，2021年虽略有下降，但仍在众多文学作品研究中居于首位。《红楼梦》体大精深，与之相关的研究内容也是纷繁复杂。本年度学界研究或聚焦于文学手法与艺术造诣，如叙事视角与节奏、文本结构、悲剧精神等；或研究书中人物形象和命运，林黛玉、贾宝玉、晴雯、王熙凤等；或着眼于红楼不同版本的辨析以及海外传播，如《红楼梦》英译本的翻译与传播、日本社会的"红学观"等；或聚焦于红楼梦中某一主题或线索，如红楼中"情"的复杂表现、红楼中的婢女婚姻、红楼中的补药知识等。与红楼研究相关的词有"哈斯宝""批评范式"等。哈斯宝是清朝嘉道年间著名的文学翻译家，他将《红楼梦》翻译成蒙文《新译红楼梦》，学者们对该版本的叙述方式和艺术特色展开分析；在批评范式方面，学界围绕《红楼梦》的文学批评、《红楼

---

① 廖久明：《论日本"二二六"事件对郭沫若的影响——以考证郭沫若致〈宇宙风〉五函的写作时间为基础》，《中国现代文学研究丛刊》2021年第6期。
② 陈童君：《〈中国资料〉与郭沫若日文佚作〈站在人民的立场〉》，《中国现代文学研究丛刊》2021年第4期。

梦》与当代文学批评范式建立的关系等展开研讨。

2021年度对红楼梦的研究多从西方文论出发。学界或从黑格尔悲剧理论分析《红楼梦》中的贾宝玉形象，或从红楼梦的诗词角度出发，分析现代性视角下红楼梦的幻灭问题，或从治生领域出发，分析红楼梦中的文人生态性。其中，悲剧性、女性主义、创伤叙事、疾痛隐喻等是研究者较为关注的问题。2021年度对红楼梦的研究视角较前几年有所转移，多关注次要人物的他者叙事问题、行为主义分析、诗词隐喻研究等，研究视角和范围逐渐向理论性角度倾斜。除此之外，红楼梦的语文学科教育问题也是热度较高的研究方向，研究者们多探讨关于《红楼梦》的整本书阅读教学与策略研究、双语教学视角下《红楼梦》语料库研究问题、语文核心素养下的文化传播问题等。

2021年，我国红楼梦研究领域中发文较为集中的机构包括：中国艺术研究院、扬州大学文学院、北京大学文学院、中国红楼梦学会、武汉大学文学院等，其中中国艺术研究院是2021年度红楼梦研究最为突出的机构。

2.《诗经》研究

《诗经》是我国最早的一部诗歌总集，诗经学研究历史悠久、积淀深厚，在2021年仍为学界关注的热点之一。本年度诗经学研究继续保持了多角度、全方位的纵深拓展趋势，主要围绕以下方面展开。

第一，《诗经》文化意蕴的解读。其涉及《诗经》的精神内涵、思想观念、价值取向的挖掘探析等内容。如探究《诗经》的义理思想、生态伦理思想[①]，或是挖掘《诗经》所体现的母道坤

[①] 李莹莹：《〈诗经〉生态伦理思想对当代中国生态伦理学的建构意义》，《社会科学研究》2021年第6期。

德及亲亲尊尊的人伦秩序、中国早期"天地"观念①、周代民俗文化、夫妇之道等主题。此方面的研究成果频出，呈现多元化特征。

第二，诗经学史的断代研究以及诗经学学者个体研究的再阐释。《诗经》研究史上的几乎所有学者都在新时期受到了不同程度的关注，2021 年学界也沿袭了这一研究角度并继续耕耘。在诗经学史的断代研究中，两汉《诗》学的转型②、金元之际《诗经》学价值③、明前期的台阁诗学④等议题受到学界关注；在学人个体研究方面，学者们多聚焦于刘向的《诗》学思想⑤、崔述诗经学研究的独立思考⑥、贺贻孙的诗学思想、清代沈善宝《名媛诗话》所呈现的女性作家对《诗经》的文学批评等议题。

第三，《诗经》阐释史的相关研究。由于《诗经》作为一部文化典籍，在中国古代长期承担着社会文化教化功能，历代对《诗经》的阐释便是其功能实现的途径以及其意义与历史性生成的根本。学界近来注重从阐释学与诠释学的研究视角对《诗经》的阐释历程、阶段内的阐释模式、"比兴"手法与阐释之间的关联做出探析。如有学者着眼于先秦两汉儒家《诗经》阐释学的建构，认为先秦《诗经》的阐释经历了由礼仪阐释、政治阐释到道

---

① 翟奎凤：《〈诗经〉中的"天"、"下土"与"地"——早期"天地"观念溯源》，《北京师范大学学报》（社会科学版）2021 年第 6 期。
② 郎松雪：《两汉〈诗〉学转型与刘向〈诗〉学思想考察》，《哈尔滨工业大学学报》（社会科学版）2021 年第 1 期。
③ 张勇耀：《金元之际〈诗经〉学价值考论》，《中州学刊》2021 年第 6 期。
④ 马昕：《明前期台阁诗学与〈诗经〉传统》，《清华大学学报》（哲学社会科学版）2021 年第 4 期。
⑤ 郎松雪：《两汉〈诗〉学转型与刘向〈诗〉学思想考察》，《哈尔滨工业大学学报》（社会科学版）2021 年第 1 期。
⑥ 赵彦：《走出"宗汉宗宋"的怪圈——论崔述〈诗经〉研究之独立思考》，《哈尔滨工业大学学报》（社会科学版）2021 年第 3 期。

德阐释的历程,两汉则构建出了本事阐释模式①。还有的学者立足于《诗》乐之教的文化阐释展开分析②。此外,学界也关注到阐释过程中出现的《诗经》经典化现象、过度阐释现象等学术问题,比如从《诗序》的诠释功能对《诗经》的经典化的影响③,或是将《诗经》与《荷马史诗》等外国经典诗集联系起来考察,强调要防止脱离文本本意的强制阐释或过度阐释。

第四,《诗经》文本研究。这不仅体现在《诗经》的语言学研究,如对《秦风·无衣》篇诗句的句法语义的考察,也体现在传统《诗经》训诂学的继续深入,尤其是近年来在海昏简、安大简《诗经》发掘与整理出版后,学界相关研究成果频出。或对安大简《诗经》进行异文考辨,或从"侯风"论安大《诗》简文本性质④,或对安大简《诗经》新见的从"手"旁的形声字进行考释⑤,或综合各版本对《诗经》的章次异次进行考论⑥,或考辨《诗经》文字讹误的发生年代,此外也有对笙诗的考论,对《毛传》《郑笺》的训释差异与《诗经》的文本异同展开的探究。

此外,《诗经》研究者还对国际诗经学的发展予以一定关注,

---

① 马草:《道德化与先秦两汉儒家〈诗经〉阐释学的建构》,《南开学报》(哲学社会科学版)2021年第1期。

② 刘冬颖:《〈诗〉乐之教的文化阐释及历史传承》,《中南民族大学学报》(人文社会科学版)2021年第12期。

③ 郭亚雄:《〈诗序〉的诠释功能与〈诗经〉的经典化》,《海南大学学报》(人文社会科学版)2021年第6期。

④ 曹建国、宋小芹:《从"侯风"论安大〈诗〉简的文本性质》,《南开学报》(哲学社会科学版)2021年第5期。

⑤ 赖怡璇:《谈谈安大一〈诗经〉从"手"的新见形声字》,《出土文献》2021年第3期。

⑥ 夏虞南:《简帛〈诗〉文本与今传本章序差异考论——从海昏简〈诗〉谈起》,《江西师范大学学报》(哲学社会科学版)2021年第6期。

宏观层面上，或考察西方汉学界 20 世纪的《诗经》文化研究[①]，或在中国视域下探求日本诗经学的核心价值。微观层面上则有对理雅各的英译版《诗经》翻译策略与特征的分析[②]。从文学史视域的考察也值得一提，如文体源流方面，对《诗经》影响下的诗赋二体的密切关系及分异趋同的探析研究，或是以《芙蓉女儿诔》为例审视骚、诔、赋的文体学演进理路的研究[③]。总之，这些研究各有特色，正是《诗经》研究全方位多角度地展现。

（三）文学创作

1. 小说创作研究

从文学创作来看，"小说创作"是 2021 年度研究的重要关键词。学者们紧扣时代热点，从创作风格、创作手法、当代小说的创作特点等角度进行研究。"次仁罗布""汪曾祺""阎连科""胡学文""徐则臣"为该领域的热点研究对象；"《白鹿原》""《活动变人形》""《笑的风》""《望春风》"为学界关注的热点作品；"长篇小说"是关注度较高的小说类型，"乡土小说"是备受关注的小说体裁。此外，学者也对地域文化对小说创作风格的影响方面进行考察，如东北地区、温州地区。世界文学中，"俄罗斯文学""英美小说""英美女性小说"等是出现频次较多的关键词。小说风格方面，"现实主义"是学界关注较多的关键词。

"小说创作"中热度较高的研究对象是次仁罗布，2021 年对次仁罗布小说创作的研究多集中在其作品《强盗酒馆》，《八廓

[①] 张万民：《20 世纪西方汉学界的〈诗经〉文化研究》，《复旦学报》（社会科学版）2021 年第 3 期。

[②] 张广法、文军：《汉语古诗英译策略体系之动态性研究——以理雅各译〈诗经〉为例》，《外国语文》2021 年第 1 期。

[③] 王思豪：《骚·诔·赋：〈芙蓉女儿诔〉的文体学演进理路》，《红楼梦学刊》2021 年第 2 期。

街》及其小说集上。其中从不同角度整体性分析次仁罗布小说创作的特征，是研究最多的方向。研究者分别从空间叙事、灵魂叙事、思想主题、文化意蕴、语言艺术等方面对次仁罗布的多篇中短篇小说进行研究。典型议题有"日常叙事与家园重构""苦难叙事""文学共同体"等。作为当代热度较高的少数民族小说创作家，对次仁罗布的研究有利于分析民族融合背景下的情感叙事、文化立场和价值认同问题。

汪曾祺的研究热度近几年处于一种较为平稳的状态，2021年度对汪曾祺的研究同样离不开乡土小说、语言艺术、意象建构、饮食书写等内容。它们作为汪曾祺小说创作的重点内容，对其的解读分析仍然具有极强的现实意义。但2021年度对汪曾祺小说创作的探讨增加了几种新的理论视野。如分析汪曾祺作品的喜剧精神、汪曾祺小说创作的存在主义倾向、水情结和美学意蕴、民间女性的诗化书写及其意义、汪曾祺20世纪40年代小说的现代主义特质等。作为散文化小说创作的代表人物，从西方文论的角度分析其小说作品有利于诗化小说传统的复归与创新。

2021年对阎连科小说的研究较前几年有所下降，但相比其他作家，仍然具有较高的热度。阎连科小说创作研究中，"女性主义"是出现频率较高的关键词。如生态女性主义的异类书写、乡村女性的多维切面、"他者"世界与女性镜像书写等。从叙事学角度分析阎连科小说创作的研究方向较多，典型代表有疾病隐喻叙事、权力书写叙事等。研究文本以《她们》《中原》和《日光流年》为主。2021年度对阎连科小说研究侧重于和其他作家作品的对比分析，如阎连科和卡夫卡、余华、苏童、莫言和王蒙等。其中，阎连科和外国作家卡夫卡的对比研究，是学界比较关注的问题。卡夫卡的长篇小说《城堡》是出现频率较高的作品，常被学者用来和阎连科小说《日光流年》进行比较，比如两者之间的权力书写问题探讨，此外，阎连科对卡夫卡小说的接受与改写也是提及较多的主题。

作为研究热度较高的小说类型，长篇小说的研究多集中在中国当代作家王蒙、陈忠实等人的作品中，以《活动变人形》《笑的风》《白鹿原》等为代表。2021年度对这些作品的分析主要从多维文学理论研究视角出发，以后现代主义、符号学、接受美学等为理论视角，解读王蒙与陈忠实等人长篇小说的现代性意义。也有从中华民族传统文化出发，探索陈忠实等作家对传统文化的批判性继承问题。如《白鹿原》中体现的乡土情结与儒家道德情怀的关系，儒家文化在现代社会转型中的危机等。[1] 陈忠实等人的作品风格也与他们所处地域的文化密不可分，他们对民俗文化的批判性继承，对中国现当代乡土文学的发展起着至关重要的作用。[2]

2. 网络文学研究

与"小说创作"紧密相关的研究关键词还有"网络文学""网络小说"等。新媒体时代的到来与智能终端的普及推动了自媒体与网络平权化的发展，进而促进了近二十年来网络文学的蓬勃发展。研究者围绕网络文学的评价体系、评价标准、文学叙事、文化价值、海外传播、影视改编、创作取向等议题展开探讨，尤其对于网络文学中的"网络小说"予以了重点关注。

---

[1] 周明娟：《儒家文化视域下的〈白鹿原〉》，《中国文学研究》2021年第3期。
[2] 赵学勇、魏欣怡：《当代秦地作家与民俗文化》，《陕西师范大学学报》（哲学社会科学版）2021年第3期。

其中，构建网络文学的评价标准是近年来网络文学研究的重要内容[1]。不少学者认为应建立多维评价体系，但具体观点不一。整体观之，学界大多认为网络文学有区别于传统文学的特殊之处，故其评价标准的建构也应该根据实际情况有所创新[2]，比如：在关注网络文学的文学性、思想性、艺术性的同时，应充分考虑到媒介变迁下网络文学的网络性、大众性、市场性[3][4]。同时，因为网络文学已经成为我国 IP 产业最重要的组成部分，故对网络文学 IP 的价值评估体系的构建也逐渐被纳入研究视野，如有学者主张从受众市场、创意内容、社会效益三个维度出发建构网络文学 IP 价值评估体系[5]。

网络文学叙事研究方面，"叙事形态""叙事资源""叙事策略""叙述模式"受到学界关注，具体来看，学界研究论及"宏大叙事[6]""民族主义叙事""工业党叙事""文明叙事""折叠叙事[7]"等叙述模式与架构，对宏大叙事与个体书写的关系也进行了进一步的思考。此外，网络文学的起源叙事、网络小说叙事的图像化倾向也引起学者探究。网络文学的海外传播方面，学界或聚焦于传播的现状、症候与发展，或对其传播的形态、动力、屏障[8]以及传

---

[1] 周根红：《当前网络文学评价标准建构的批评与反思》，《江苏大学学报》（社会科学版）2021 年第 1 期。
[2] 周志雄：《网络文学经典化与评价体系建构》，《中国文学批评》2021 年第 3 期。
[3] 欧阳友权：《网络文学评价体系的"树状"结构》，载《当代文坛》2021 年第 6 期。
[4] 禹建湘：《建构中国网络文学多维评价体系》，《中国社会科学评价》2021 年第 4 期。
[5] 刘燕南、李忠利：《网络文学 IP 价值评估体系探析》，《现代出版》2021 年第 1 期。
[6] 高翔：《现代性的双面书写——论当代网络文学中的宏大叙事》，《中州学刊》2021 年第 11 期。
[7] 汤哲声、黄杨：《网络小说折叠叙事的文化传承与海外传播》，《甘肃社会科学》2021 年第 6 期。
[8] 欧阳友权：《中国网络文学海外传播的形态、动力与屏障》，《贵州师范大学学报》（社会科学版）2021 年第 6 期。

播过程中文化内涵的损失等现象展开剖析,还有学者通过样本分析法考察国际传播视角下网络文学IP的运营及发展战略。网络文学类型题材研究方面,"玄幻文学""乡土小说""现实题材"是2021年学界的热点关注,玄幻文学与中国神话、宇宙意识的关系引发学界思考[①],网络文学的乡土表达[②]、现实品格与现实转向[③]也受到学界关注,亦有学者通过数据收集与处理从宏观上把握网络小说内容类型特征与读者偏好关系。

此外,学者们对网络文学影视改编的现状、影视改编中的文化建构等议题给予了一定关注,也在网络文学的"生产机制""商业模式""产业实践"以及"平台经济"等议题上进行了一些开拓性研究。

(四)文学理论

从文学理论研究来看,"文学批评""现代性"为年度研究热点关键词。

1. 文学批评研究

文学批评是文学研究的重要组成部分,与"文学批评"相关的关键词有"李健吾""马克思主义文学批评""强制阐释理论"等。其研究多关注经典文学作品的文学批评、文学批评史的书写、文学批评与"历史"的关系、文学的"历史化"现象、文学批评的"非功利性"问题、新时代批评文化的变化与发展等。"现代性"同样也是文学研究中的重要关键词,2008年至2014年

---

① 马汉广、杨雪莹:《宇宙意识:网络玄幻文学新的话语生长点》,《学习与探索》2021年第12期。
② 房广莹:《新世纪网络小说乡土表达的新质》,《当代作家评论》2021年第2期。
③ 胡疆锋:《通向及物的现实主义——论网络文学的现实转向》,《社会科学辑刊》2021年第1期。

该类研究成果频出，之后热度有所下降。2021年"现代性"研究中，巴洛克、波德莱尔与现代性的关系受到学界重点关注。2021年该主题涉及现代性与中国文学"抒情传统"的思考、工业文明与工业题材小说、现代性与乡土社会的关系、现代性的"时间"议题、现代性语境中的"红色经典"、现代性与审美、现代性与民族情怀以及民族主义等诸多内容。

2021年度关于文学批评的问题多从伦理学批评、马克思主义文学批评、生态批评、文学批评史、女性主义、强制阐释理论等角度出发，探讨文艺学批评的前沿问题。除此之外，研究者多聚焦于比较文学角度，从多方面研究探讨中西方文艺理论的不同，从中提炼出中国当代文学作品的可借鉴之处，并探讨如何建构中西方文艺理论多元共生的文学生态。

其中，李健吾是研究较多的文艺批评家。他的诸多理论在2021年被多次提及与探讨。如其印象主义批评论、文本的戏剧化特征分析、审美思想探析、跨文化改编以及文学批评的精神品格等。李健吾的文学理论对中国现代文学对话批评精神的形成具有重要作用。李健吾文学批评关键词以"自我""印象""风格"为主要对象。[①]"自我"是李健吾文学批评的出发点和终极目标，也是李健吾研究者较为关注的一个方面。"印象主义"则与李健吾本人与法国文学的深厚渊源有关。因此，李健吾与法国文学的关系问题也是2021年度文学批评研究经常提及的问题。"风格"多跟李健吾的多重文化身份相联系。集小说家、诗人、戏剧家等多重创作身份于一体的李健吾，对"风格"一词的理解有一般批

---

① 文学武：《论李健吾文学批评的关键词》，《贵州社会科学》2021年第3期。

评家所不能企及的深度性，故对李健吾多重身份的研究也常是学者探讨李健吾批评理论的切入点和落脚点。

2. "现代性"研究

"现代性"是2021年度文学批评研究中较热的关键词之一。"现代性"作为文艺理论的关键性问题，在诸多领域均有所涉及。研究者多从马克思主义、韦伯理论、解构主义与后现代主义等角度出发，探讨文艺学批评的现代性问题。其中，波德莱尔是学界重点关注的对象。波德莱尔作为现代性文学批评的奠基人，他的诸多观点都对文学的现代性发展产生较为深刻的影响。在该部分的关键词研究中，"都市现代性书写""美学现代性""记忆危机""死亡叙事"等是提及较多的理论问题。波德莱尔的《恶之花》《现代生活的画家》是研究较多的作品。波德莱尔对摄影、绘画与现代主义的思考以及与本雅明的比较研究是讨论较多的文学现象。波德莱尔的语境修辞机制、波德莱尔的唯美主义文艺观是阐述较多的理论方法。

2021年度探讨中国现当代文学现代性的问题较前几年有所增加。研究者多聚焦于"民国文学""京派文学""先锋小说"与"寻根文学"等文学派别，用西方后现代主义的视角分析中国现当代文学与西方文论的理论渊源和借鉴发展问题。如从"现代化"到"现代性"的理论探究、京派文学的现代性化用与局限问题、被解构的"现代派"与"现代主义"、返照古典的诗歌的现代性问题等。学界多借此探究现代文学史重写范式的建构与反思问题，考察现代中国文学与文化发展路径，从而思考文学人民性、民间性与新伦理的历史建构方向。

2021年度对文学理论的研究议题多集中在马克思主义文艺在

当下时代的发展与深化、外来理论本土化的范例探讨、当代文学批评史及其学科建设问题、文学的跨学科发展阐释等领域。与此同时，后理论语境下文学理论的境况与特征问题也是热度较高的议题。"后理论时代"是其中出现较多的关键词。学界多反思"理论已死"的文学现象，这与理论热潮的回落与传统文学及经典在整体上的衰落、信息时代的到来和图像化消费方式的盛行密切相关。[①] 研究者通过从客观辩证的角度去思考该现象的方式，为文艺理论研究提供了一个反思和校正方向的机会。其中，分析较多的文学作品有《文心雕龙》《镜与灯》以及部分英美文学和俄罗斯文学作品。谈及的中国现当代文学时期多集中在"十七年"文学、改革文学等阶段，涉及的中国作家以莫言、郁达夫、冰心为主，外国作家则以莱姆、苏珊·桑塔格、保罗·策兰为主。

在此类文学理论研究中，研究者多从比较文学视野出发，探究文化差异对文学评论的影响，其中英美文学是研究最多的层面。英美两国由于使用共同的文化载体——英语，再加上不同的文化背景差异，两国的文学评论存在共通性与差异性并存的特点。学界得出的主流结论是美国文学追求民主和自由，英国文学注重内敛、严谨。研究内容和方向有翻译策略研究、作品语言特点研究、语言艺术分析、美学价值探究等。除此之外，比较文学研究的议题还集中在爱德华·萨义德与比较文学、世界文学与比较文学、语文学与比较文学等。其中，爱德华·萨义德是提及较多的人物。萨义德重新定义了美国比较文学，在比较文学史上具有重要的地位。提及较多的作品有《开端》《东方学》等。《东方

---

① 生安锋、林锋：《后理论语境下的文学理论境况与特征》，《学术研究》2021年第12期。

学》作为萨义德较为重要的作品，前几年同样具有不低的热度，2021年度对该文本的分析和研究视野也逐渐多元化。如从左翼语文学角度、历史辩证的方法进行阐释。

总之，2021年度文学学术关键词，一方面继续深入挖掘经典文学的学术价值，对重要文学家和文学作品再剖析、再审视，如对"鲁迅""郭沫若"的研究，既有对其生平、代表作品以及思想精神的探析，又出现了对互联网时代鲁迅形象构建研究的尝试；文学作品研究领域对"《红楼梦》"与"《诗经》"的研究，既挖掘内容及主题，也探究版本及传播；另一方面深刻把握当代文学发展趋势，回应时代热点，"小说创作""网络文学"的热点研究反映了当今社会文学发展的新特点、新趋向，"文学批评""现代性"的热点研究则体现了学者们对文学发展规律与风格的深刻思索与剖析。深耕经典、立足现实，是2021年度文学学术研究的整体面貌。结合近十年来文学学术研究的整体数据可知，"鲁迅""《红楼梦》"研究在近十年来稳定属于文学研究的热点领域，"网络文学""文学批评"的研究热度在近十年间呈平稳趋势，"小说创作""现代性"的研究热度近十年来整体呈下降趋势，"马克思主义""中国共产党"等关键词近期研究热度明显上升。

（执笔：郭雨欣、伏楠）

十　新闻与传播研究

随着后疫情时代的来临和新技术的普及与应用，新闻与传播研究面临新的机遇和挑战。回首 2021 年，我们共整理新闻与传播研究核心论文 9830 篇，旨在对该年新闻与传播领域的学术热词进行分析。

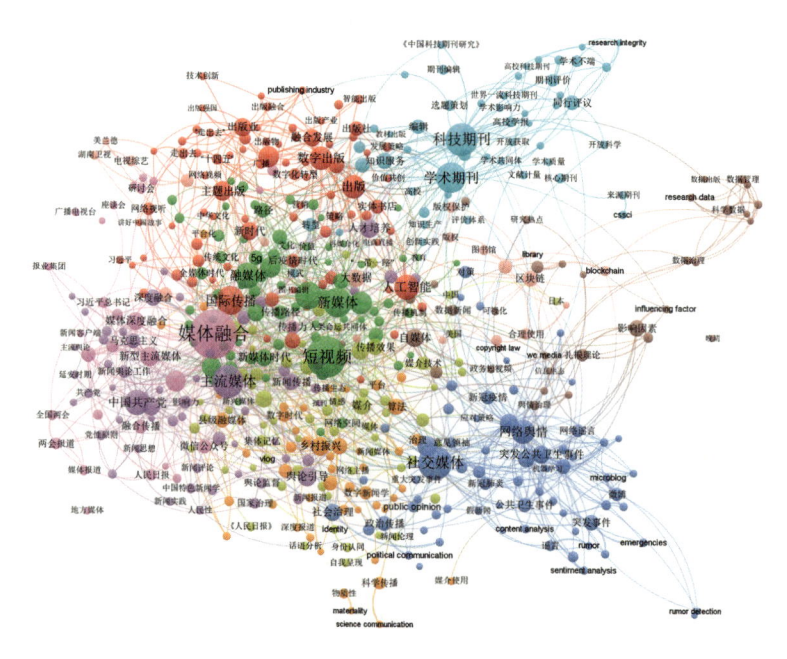

图 10-1　新闻与传播研究热点

通过对VOSviewer关键词共现后的节点和聚类图谱进行观察，并辅以对知网可视化工具的运用，发现"媒体融合""社交媒体""短视频"仍然是受到新闻与传播研究关注的热门词语；"算法""数字劳动"等词语则反映出媒介技术研究领域的新热点；"中国共产党""马克思主义新闻观"等词语是2021年学界研究的重要聚焦点；关键词"国际传播"的多次出现，则展现出新闻传播事业的新要求、新闻传播研究的新命题。

(一) 媒体融合

"媒体融合"是近年新闻与传播研究领域经常出现的关键词，它与我国的政策方针与顶层设计紧密相连，与业界的实践经验紧密相关。该领域的代表性学者有黄楚新、胡正荣等。

自2020年中央全面深化改革委员会第十四次会议审议通过《关于加快推进媒体深度融合发展的指导意见》（以下简称《意见》）以来，2021年成为媒体深度融合继续加快推进的关键之年。在此背景下，诸多学者的研究将该《意见》与重大现实问题相结合，分析解读《意见》，体现了对近年来媒体融合困境的反思、对当前所存在问题实事求是的探讨、对纾困路径的积极求索，以及对"十四五"时期媒体融合未来的美好期望。

从重要意义、目标任务、工作原则三个方面，《意见》对媒体深度融合提出了总体发展要求，并从应用互联网思维、走好群众路线、引进先进技术、布局四级媒体、对外打造全媒体传播格局、对内培养优质人才、保证政府政策支持等方面展开具体论述。

学者指出，相较于2014年通过的《关于传统媒体和新兴媒体融合发展的指导意见》，《意见》凸显了"十四五"规划期间媒体改革的新风向，其中"加快""加深"尤其彰显出技术迭代中媒体转型的紧迫性和体制机制改革的必要性；同时，《意见》中首次提出了构建四级布局的全媒体传播体系，对各级媒体自身的功能、角色有了明确的差异性要求，其中市级媒体转型、县级媒体发展也受到多方学者的强调和重视。

2021年，是建党一百周年，也是各级媒体积极践行新《意见》的一年，从宏观维度围绕"媒介融合"主题，对现象和学理开展研究的学者不在少数。基于文献资料的研究，对数十年来媒介融合的相关文章进行了历时性的分析，总结该领域学术研究语境的变迁，回顾了相关研究者由单一走向多元、所涉学科从单学科至多学科的变化过程；基于现象进行的研究，指出当下媒体融合正处于关键时间节点，应该具备坚持导向、服务大局、协同发展的意识；基于技术哲学思考的研究指出了媒介融合在媒介形态演进、媒介化社会形成中所扮演的角色，并对人类文明发展、媒介与社会关系、社会治理模式等方面进行了说明和展望。还有许多研究从中、微观维度出发，深入反思了近年来媒体融合的困境，聚焦传统主流媒体的融媒体转型。研究强调"媒体融合"具备行业融合的特点，指出传统主流媒体应充分利用自身内容生产与把关优势，扩大内容产能，通过提供内容或服务整合关系资源、提升自身影响力。

以地方主流媒体的视听节目、纸质期刊、社交账号为个案展开的研究数量可观，该类研究多从省、市级传媒机构着手，从内容生产、技术应用、传播营销、传播效能等方面进行分析解读，总结提炼经验教训。而作为公共服务与社会治理关键一环的县级融媒体中心，其发展情况如何、又将走向何方，也是学者们高度重视的话题之一。此类研究强调了区县融媒体对于"打通最后一公里"、提高区域综合治理能力的重要作用，指明平台资本主义可能对基层群众日常生活、观念价值造成负面影响，对县级融媒体建设中权力博弈、过渡规划、资源浪费等问题表示隐忧，提出促进媒介资源高效配置、加强公共对话与讨论、坚持走好群众路线是县级融媒体最大程度发挥基层治理效能的保证。另外，面对媒体融合背景下新闻从业者角色的不断变化，部分研究从职业观念认同的视角出发，分析新闻从业者在行业大变革下的身份认同、从业意愿及媒介伦理观念等。

（二）社交媒体

"社交媒体"与"媒体融合"一样，皆为近年来备受关注的关键词。根据数据分析，近三年"媒体融合"相关研究热度呈现出缓慢下降的趋势，而"社交媒体"相关研究的热度则呈现出稳步增长的状态，影响力较大的学者有陈昌凤、周葆华、史安斌、曾一果等。

以"社交媒体"为关键词的研究与"突发公共卫生事件""舆情""感知""情绪"等关键词密切关联，此类研究大多使用计算传播的研究方法，借鉴社会学、统计学、心理学、图书情报学等学科理论和范式，关注后疫情时代中社交媒体用户的使用心理、情绪表达、重大突发事件下信息传播机制等。按照计算传播具体的研究方法分类，相关研究可以分为宏观和微观两种：宏观类研究是指，抓取、筛选海量数据，通过计算机辅助的语义网络分析技术，从中发现抽象主题。如，对特定的海量微博评论进行数据抓取与处理，以便理解社交媒体用户的网络传播行为及心理。微观类研究是指，基于个体模型展开数据模拟，以帮助人们理解和解释复杂的社会现象。如，使用管理学、心理学等学科经典理论开发量表、搭建模型，构建测量受众行为的工具。

而其他对社交媒体的研究也体现了对特殊群体的关注，此类研究大多采用质化研究方法，其中深度访谈、实地调研、扎根理论等方法颇为常见，研究对象包括妇女、工人、青少年、海外留学生、华人移民、老龄人口、媒体从业者等群体，研究内容涉及社交媒体使用心理及行为。其中，扎根理论在2021年全年新闻与传播研究中的使用较之往年有所提升，该方法适用于用户线上行为、跨文化传播、数字治理等方面的研究。另有少量研究则从案例出发，关注海外社交媒体及新闻机构，体现了对西方新闻伦理问题的反思。

（三）短视频

2021年"短视频"仍然属于研究热度较高的学术词语。但数据显示，近三年来，其相关研究呈现出回落趋势。相较于图文传播，短视频是情节生动、现场感强、情感表达浓烈的传播模式，有着更为直观的影响力。在传播方式与渠道上，短视频具有快捷便利、灵活分发的特点；在传播内容上，短视频具有简短、直白的特征；在传播的时空观念上，短视频打破了传统媒体"黄金时间"的概念，以超时空的方式为受众提供场景式内容呈现和信息服务；在传播效果上，短视频以强烈的情绪表达调动受众感知、以竖屏的视觉冲击活跃受众感官，为受众带来沉浸式的体验感，增强了受众的黏性和认同感。如今，短视频与各行各业已然紧密结合，作为一种媒介，重新组织和架构了各行业、各阶层的内容生产、传播模式，以及思维方式。这些显见的变化为新闻传播提供了丰富的研究对象。

第一，"短视频"相关的研究涉及媒体融合背景下的主流媒体、传统媒体新闻客户端、传统媒体社交平台账号、广电 MCN 机构等具体对象。此类研究多使用内容分析法对案例（如主流媒体的短视频账号及特色栏目）进行解读，总结其中的新闻与传播规律，解析其引发受众情感共鸣、心理认同的原因，为主流媒体改进内容表达方式、提高传播效能提供意见与建议。主流媒体在短视频的助力下生产的一系列脍炙人口的产品，离不开主流媒体在媒介融合背景下，推动传播内容故事化、传播话语流行化、传播语境场景化、传播语态生动化的努力，离不开"以人民为中心""从群众中来到群众中去"的指导思想，使得短视频平台真正为主流媒体转型赋能。

第二，围绕商业平台、商业性机构媒体展开的研究，则关注了短视频内容形式以及短视频商业模式的创新，如新兴的"互动短视频"形式在短视频基础上加入人机互动功能。研究认为短视频的新形式为用户提供了沉浸式的体验感、游戏式的参与感，拓宽了用户观看的代入感。而针对短视频商业模式的研究则体现出跨学科性质，参考借鉴了经济学、管理学的理论与范式。

第三，诸多研究也将短视频平台本身视作一种媒介，考察其如何改变了传播内容、用户行为、群体生活，此类研究涉及"三农"问题与城乡关系、城市形象建构、阅读推广、出版机构营销等话题。以"三农"问题与城乡关系为话题的研究多采用民族志的研究方法，深入田野展开调查，关注乡村老人的数字使用、农民工群体的集体记忆以及乡村振兴话语与短视频平台资本双重背景下的城乡关系、乡村内容生产者生产的信息内容及传播机制等。

第四，部分研究体现了思想政治教育与新闻传播学科的交又，关注短视频之于高校思政教育的可能性，强调新闻传播工作的导向性。习近平总书记 2022 年 3 月 18 日在思想政治理论课教师座谈会上的讲话①，以及 2022 年 4 月 25 日在中国人民大学考察时的讲话②，都强调了要全面贯彻党的教育方针，解决好"培养什么人、怎样培养人、为谁培养人"的问题。在两个一百年的历史交汇点上，践行好"举旗帜、聚民心、育新人、兴文化、展形象"的教育功能，将优秀精神融入到新闻传播的工作中去。大部分短视频的内容、题材都来源于人民群众的日常生活经验，也反映着人民群众所处时代的深刻变革。新闻与传播对该话题的论述强调网络空间舆论引导、把握话语权高地，适应舆论生态变化、抢占新型舆论阵地，使得主流媒体影响力延伸、用社会主义核心价值观滋养人心，为青少年营造风清气正的网络环境；思想政治教育方面的研究对该话题的关注强调高校的育人方式，建议其完善育人机制、建设协同合作平台，积极利用短视频等平台向全员、全程、全方位的"三全育人"目标靠拢。

第五，编辑出版、图书情报学对于短视频相关话题的关照，主要体现在短视频版权研究中。短视频内容既有专业内容生产（PGC）、用户内容生产（UGC），又有混搭剪辑、二次创作等方式，类型混杂，存在诸多内容借鉴、模仿、使用的现象，却缺乏版权意识，往往仅依靠生产者的自觉标注或受众的主动监督。此类研究对目前短视频平台存在的侵权界定标准模糊、平台管理机

---

① 王新生、朱雪微：《守正创新，理直气壮开好思想政治理论课——重温习近平在学校思想政治理论课教师座谈会上的重要讲话》，《马克思主义理论学科研究》2022 年第 3 期。
② 习近平：《习近平在中国人民大学考察时强调　坚持党的领导传承红色基因扎根中国大地　走出一条建设中国特色世界一流大学新路，王沪宁陪同考察》，《思想政治工作研究》2022 年第 5 期。

制不完备等问题进行了梳理与分析,研究认为应该从平台约束、政府政策制定、法律监管、用户监督等多方入手,加强短视频产权管理与版权保护,同时也提出可以使用区块链等以新兴技术为支撑的智能版权管理系统来服务数字出版行业的良性发展。

第六,从艺术学理论出发的视听传播研究,对短视频进行了内容分析,探讨短视频中的美学色彩、探寻短视频形式对传统视听表达模式的重构。在内容上,短视频倾向于纪实性、展现日常生活的趣味;在传播形式上,短视频将"横屏"变为"竖屏",对剧本写作、叙事节奏、摄像构图、后期制作提出了新的要求。研究认为,短视频赋予了普罗大众表达的权力、展现了日常之美,有着较强的真实感、容易引发共鸣,但是应该提防短视频内容参差、有感无悟、源于生活却未高于生活的特性,对其浅薄化、庸俗化、娱乐化的局限性进行反思和批判。

(四)平台

短视频和社交媒体二者都具备,为用户提供互通互联结构、为资本、生产关系提供交换重组空间的特点。而互联网平台亦具备数字化、中介化等特性,对社会生活有着深远的影响,也极大地重构了社会运转的逻辑。诸多以短视频、社交媒体为主题的研究实质上便是对平台展开的研究,因此,下面将围绕平台为关键词,梳理相关研究。

对平台的研究,首先关注了平台所承载的技术。这表现在分析平台算法的运转逻辑、研究算法对用户行为模式的影响、关照用户对算法的能被动反应等议题中。技术发展使得平台中的用户关系由链状关系变为了分散的节点关系,而在现代社会中,作为节点的用户其原子化、分散化的属性更为明显。以算法为代表的技术与移动终端、大数据、定位系统、传感器、社交媒体等一道，为用户提供了个性化、场景化、定制化的内容与服务。对于用户而言，这种情况或将带来社交倦怠、信息茧房等负面效应，也有可能反过来促使用户采取断联（反链接）、驯化算法或选择性接触等措施，来保证作为主体的人的能动性。大部分研究都从以上角度分析了算法等技术如何影响社会文化，而少部分研究则从计算传播社会科学的角度出发，对算法内在的运转模式进行剖析。

对于平台的研究，其次关注的是平台上的数字劳动过程。一方面，研究聚焦平台的用工模式，引入了"零工""灵工""玩工"等概念，另一方面，研究重视劳动者的身份认同、劳动心理，引入"情感劳动""性别气质"等话题。数字劳动的研究大多采用经验的方法，用访谈、调查、民族志等工具对数字劳动现象进行总结和诠释。其常见的研究对象包括亚文化群体（如粉丝群体、网络小说作者、字幕工作者等）、传统新闻业从业者、网络主播、社交媒体博主等。在研究结论中常提及平台对于劳动者的监管、压迫、剥削甚至异化。在总体的研究视阈中，体现出文化研究和传播政治经济学的勾连。

第三类关于平台的研究将平台视作"资本"，以政治经济学为理论来源，中微观上有管理学、经济学等学科的嵌入，宏观上有以马克思主义政治经济学为代表的批判性。研究重点分析"商品""资本形态""垄断"等概念，涉及数据生产、数据商品化、数据流通、资本积累、剩余价值生产、资本形态转化等过程；也有大量研究从经典马克思主义政治经济学出发，对"劳动""商品""资本"等元概念进行辨析，分类讨论何种情况下"数字劳动""平台资本"等概念得以成立。

十 新闻与传播研究

第四类关于平台的研究将平台视作媒介，从媒介化、技术可供性、媒介生态的角度对平台展开研究。研究认为作为媒介的平台中介了我们的生活，如物流、人力、商品、资本等要素围绕作为物的平台重新组合，于线上线下生成了新的关系网络。另外亦有研究从媒介哲学出发，回归理论，强调思辨，分析德布雷媒介学中"文化"与"技术"的关系、对本雅明媒介视阈进行再阐释等。

值得指出的是，平台研究大多建立在对西方理论的解析和辩证使用的基础上，平台作为不断变化的对象也受到了人文科学和社会科学的普遍关注。如，研究社交媒体时代数字劳动、将数据视作商品的当代学者克里斯蒂安·福克斯，其思想受到国内学术界的热切讨论，在马克思主义理论和新闻传播学中都有着相当高的热度。以平台展开的研究展现了多领域、跨学科、本土化与在地化的特点。

（五）数字新闻

随着数字技术的发展、变迁、普及与应用，新闻行业中的传统理念、生产模式、传播方式、用户关系呈现出新的形态，这在为新闻学学科提供了新的研究对象同时，也为学科带来了变革与危机。数字新闻与数字新闻学成为学者们热议的话题。在上文提及的与"短视频""社交媒体"等关键词相关的许多研究都探讨了传统新闻业在技术平台中的新样态，这些研究虽然以"短视频"或"社交媒体"为关键词，但强调了"数字新闻"作为其研究对象的主体性，因此，将"数字新闻"作为主题词，以便更全面、系统地为读者梳理相关研究的内容。开展该类研究的主要学者有常江、田浩、白红义、王辰瑶、杨奇光、陈昌凤、史安斌等。

在数字技术全面应用于传媒行业的今天，传统新闻价值观中的"真实""客观""专业主义"等元话语的认同度降低，这也引发了传统新闻学学科的危机感。诸多研究对数字新闻学的产生背景、发展路径、理论创新、学科范式进行了分析与研判。由于数字新闻学概念发端于信息技术发达、新闻传播学科建设完备的西方发达国家，不少研究对中西方新闻话语进行了比较；亦有不少研究将技术可供性、媒介生态学等视角引入到数字新闻学研究中，对概念的理论旅行过程进行梳理，同时倡导将新闻视作"作为媒介的新闻"，强调新闻的生态性而非工具性；还有研究从方法论角度出发，认为可以将文化研究方法作为新闻学研究的新典范。

除去对数字新闻学科的关注，诸多研究也对数字时代新闻业的具体变化进行了分析和讨论，主要内容可以分为以下方面。在新闻实务中，数字时代新闻行业对传统新闻生产进行了颠覆，如"新闻价值"标准的重构、"把关"过程与方式的变迁、新闻产品化、商品化的现象；在新闻工作者中，职业身份和自我认同程度普遍降低，传统的职业共同体意识、价值认同与荣誉感缺乏，"新闻"话语变为"信息"话语，"数字零工"替代"新闻记者"，对传播效果的认可超过对专业新闻操作理念的坚守；在新闻业与用户关系上，权威性的新闻发布变为场景化的信息服务，新闻情感性超越新闻真实性，依赖用户的情感纽带完成传播。

总体上看，对于数字新闻学和数字新闻业的研究借用了诸多与数字技术相关的本体论和认识论的概念（如技术可供性、媒介生态、行动者网络等），同时研究的立场也呈现出批判性，关注民主与公共性等议题，对数字技术下的价值虚无进行了反思。值得注意的是，1942年施拉姆访华以来，中国的新闻学一直存在"新闻专业主义"和"马克思主义新闻观"两种不同的话语体系，而目前数字新闻的研究大多率先关注了西方信息技术发达条件下的传媒现象,也大量引入了西方数字新闻学的相关理论及概念。应该看到,未来数字新闻研究必然会充分比较、区分中西传媒体制的异同,辨析西方理论的误读误用之处,立足于中国的现实基础针对现实问题展开更为深入的研究,对发展中国家、第三世界国家在数字时代的新闻现象提供解释,为发展中国家、第三世界国家的独特的新闻学学科建设贡献智慧。

(六) 马克思主义新闻观

2021年是中国共产党成立100周年,是年以"中国共产党"为关键词的新闻与传播研究增量极大。围绕建党一百周年展开的研究密切关联了"党性原则""党管媒体""中国特色新闻学""马克思主义新闻观"等词语,在具体内容上包括了在历史维度上回溯马克思主义新闻观发展状况,在实践考察中聚焦中国共产党的新闻理念与事业,在经验总结中关注当下中国共产党对外传播活动等方面。该领域的主要研究者有陈力丹、郑保卫、童兵、胡钰、邓绍根、雷跃捷、季为民等。

第一类研究从历史维度上对马克思、恩格斯、列宁的报刊活动与新闻思想进行探讨。此类研究关注具体的报人、报刊、重大历史事件、国际共产主义运动,在文献版本的搜集考证、资料内容分析总结的基础上,重点对马克思主义新闻观的来源、发展进行了探索。从马克思主义发展史中可以清楚地得知,马克思、恩格斯的思想不是一成不变的,其精神成果也不是一蹴而就的。从青年社会民主主义者到共产主义者,从历史唯心主义到历史唯物主义,从哲学研究转到政治经济学关照,马克思、恩格斯思想的形成经历的是一个富有层次、丰富多彩的过程。这样的思想也反映在他们的报刊活动、新闻思想、报纸编辑出版与经营理念中。此类研究从马克思的新闻实践中挖掘出马克思主义新闻观的丰富内涵，从恩格斯的报刊活动中寻找具有现实意义的新闻思想，回归到彼时的历史语境中，谈论报刊、工人运动、左翼政治及西方社会主义运动。从见刊论文的数量来看，近年来，马克思、恩格斯新闻思想的研究热度一直远高于列宁及苏联新闻思想的研究热度。

第二类研究是关于马克思主义新闻观中国化的研究。研究从概念史角度对中国"马克思主义新闻观"概念的诞生、发展、创新过程进行梳理，对"马克思主义新闻观""马克思主义新闻学""中国特色新闻学"等概念进行辨析，认为接收者应该从知识话语层面提升对马克思主义新闻观的理性认识，达到政治性与学理性的统一，同时从马克思主义新闻观的教育与推广入手，提高马克思主义新闻观教育的学术高度和学理深度；还有从百年党史的线性历程中追溯马克思主义新闻观的研究，从新民主主义革命、社会主义革命与建设、改革开放、社会主义现代化建设四个时期分阶段论述马克思主义新闻观的发展，强调从"四史"角度出发，从伟大建党精神、红船精神中厚植马克思主义新闻观的内涵与意义。

第三类研究是关于马克思主义新闻观内容的研究，此类研究宏观上包括对马克思主义新闻观理论组成的分析，微观上包括对具体新闻理念、新闻报道文本、新闻事件的探究。学者认为，中国的马克思主义新闻观包括了新闻哲学、新闻传播历史、国内外新闻实践及理论抽象、中国传统文化等维度。亦有研究针对近年来的新闻现象、新闻事件、新闻记者展开对"反转新闻""有机运动""新闻自由"等概念的探讨，具体问题具体分析，澄清经典概念诞生的背景和条件，强调其在当下使用的前提。如，恶意制造并传播的虚假信息不能被"新闻自由"的话语所涵盖，而单篇报道的故意失衡也不能被归纳于"报刊有机运动"的过程中去；而针对早年经典新闻报道、新闻教育实践的研究也占有一定的数量，反思经典报道何以成为经典、分析新闻教育传统何以为人称道，从经典与传统中汲取力量，拓展了马克思主义新闻观研究的维度和深度。

（七）国际传播

在知识图谱中，"对外传播""政治传播""跨文化传播"呈现出较高的热度，由于它们皆属于"国际传播"议题，又与导向性密切相关，因此将其统合，放在与"中国共产党"相关的新闻传播研究之后，进行总结性梳理。2021年5月31日，习近平总书记在中共中央政治局第三十次集体学习讲话中指出，"讲好中国故事，传播好中国声音，展示真实、立体、全面的中国，是加强我国国际传播能力建设的重要任务"，提出建设国际传播影响力、中华文化感召力、中国形象亲和力、中国话语说服力和国际舆论引导力，讲好中国特色社会主义、中国梦、中国人、中华优秀传统文化、中国和平发展的故事。[①] 跨越民族国家界限的国际传播在国际政治、经济、社会中扮演着越来越重要的角色，也成为越来越受到重视的学术议题。

2021年，新闻与传播的相关研究大多站位高、视角广、有总结与展望并举的特点。从国际传播的策略上说，研究指出了传播主体可以趋向于多元化、民间化，如发挥地方媒体的传播效能、鼓励

---

① 何畏：《加快构建国际传播的中国叙事体系》，《红旗文稿》2022年第18期。

驻外企业积极发声；传播方式可以灵活、交互，学会借助海外媒体或平台讲中国故事，掌握话语权。从存在的问题来说，研究认为，对外，国际传播面临的基本格局没有变，西强东弱格局没有变；对内，国际传播仍然受到职权划分、行政藩篱等因素的掣肘；同时，由于国际传播议题与政治、经济、文化密切相关，在未来也需要进一步加强对跨学科人才的培养。除此之外，学者们也认为应该立足于全球史观，理解文明之间的交流与碰撞，探讨中国对外传播的现状和未来。其中，强调了作为概念与方法的"全球中国"，要求我们跨越地缘政治、民族国家的边界，重新想象世界和中国的关系。

  总而言之，2021年的新闻与传播研究紧跟时代步伐、关注重大现实问题。其中，中国传媒大学、中国人民大学新闻学院、武汉大学新闻与传播学院、清华大学新闻传播学院、南京大学新闻传播学院、复旦大学新闻学院、北京师范大学新闻传播学院等机构研究成果数量可观、质量较佳。2021年研究，持续关注媒体融合纵深发展、分析后疫情时代的社交媒体与网络舆情、剖析新技术如何重构人与社会关系、回顾马克思主义新闻观及中国共产党新闻事业、积极探索新闻学研究范式转换，这都为2021年的人文与社会科学研究注入了生机与活力。而在理论与实践中深耕时代热点与难点、不断探索新闻传播学学科的独立性与本土化，也仍将是未来新闻与传播研究的重要主题。

（执笔：李卓为）

十一　经济学研究

2021年是"十四五"规划的开局之年，经济学研究立足新发展阶段，突出新发展理念，面向新发展格局，助力高质量发展。通过对42624篇经济学核心论文的分析整理，数据表明2021年经济学研究的政策关键词是"乡村振兴"；该年度信息经济研究最热关键词为"数字经济""人工智能""数字化转型"；年度最热研究专题是"高质量发展""双循环""经济增长""新发展格局""碳中和"；企业经济研究的主要关键词为"融资约束""技术创新""中介效应""全要素生产率"。

政策研究方面，"乡村振兴"是2021年度经济学研究最高频词之一，"脱贫攻坚""乡村旅游""精准扶贫""共同富裕"是与之相关的主要专题。2017年10月，乡村振兴战略首次提出后，其研究热度逐渐增强，发文数量逐年递增，"新发展格局""脱贫攻坚""共同富裕""精准扶贫""双循环""新型城镇化""新发展理念""城乡融合""乡村旅游""粮食安全"等都是论文中频频出现的关键词。2021年度该研究领域共刊发核心论文一千多篇，内容涉及"数字普惠金融""乡村旅游""农村产业发展"

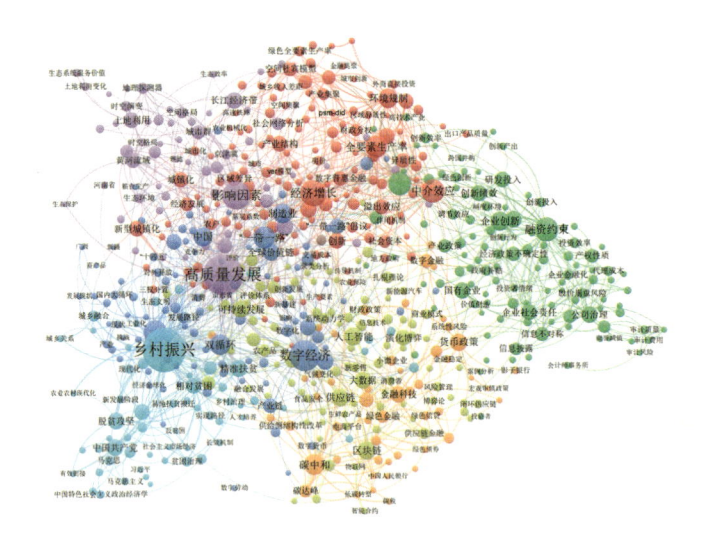

图 11-1 经济学研究热点

"大数据"等重要研究视角。

信息经济研究方面,"数字经济"是2021年度信息经济研究热点关键词。在计算机科学与经济学交叉的时代,"数字经济"已逐渐成为提升科技创新能力的新引擎。2021年,数字经济正处于传统产业向数字化转型的重要时期,与此相关的高频词既包括"数字化转型""人工智能""区块链""金融科技""大数据""物联网"等,也包括"双循环""数字技术""数字平台""产业数字化"等关键词。2017年以前,数字经济研究少有论文涉及,但至2019年发文量破百篇以来,此类论文的刊文数量逐年攀升,这表明以数字经济为代表的新兴研究领域逐渐得到学界重视。本年度研究的重要专题包括"资金管理""高质量发展""税收征管""反垄断"等方面。

在经济发展模式方面,"高质量发展"依然是本年度的热点词。2021年恰逢"两个一百年"奋斗目标历史交汇之时,中国经济由高速增长阶段转向高质量发展阶段。近两年来以"高质量发展"为关键词的相关论文刊文量均在一千篇以上,其中"黄河流域""新发展格局""数字经济""双循环"等是与之相关的重要研究主题。

双循环新发展格局是中国经济"育新机、开新局"的重要战略选择,通过构建国内国际双循环相互促进的新发展格局,发挥外循环的作用和促进双循环畅通,对经济发展具有重要意义。与"双循环"相关研究主题包括"新发展格局""高质量发展""产业链""一带一路""数字经济"等。

碳中和是指通过节能减排等方式,减少二氧化碳和温室气体的排放。在2020年9月的第七十五届联合国大会一般性辩论上我国首次明确提出碳达峰和碳中和的目标。2021年与"碳中和"相关论文多达六千余篇,其中包括"碳达峰""绿色金融""低碳转型""绿色低碳""碳减排"等一系列坚持绿色发展理念的词。

企业经济研究方面,"融资约束"和"技术创新"是2021年度企业经济研究的重要关键词。该年度与"融资约束"相关的研究主题包括"技术创新""企业金融化""企业数字化转型""中介效应""全要素生产率"等。但与之前相比,该年度与之相关论文数量降幅较大。

"中介效应"是经济学研究中的重要词,通过"中介效应"分析,可得到更多复杂变量间的数据信息。与"中介作用"相关主题包括"实证研究""企业绩效""创新绩效""数字普惠金融"等,自2018年以来,与"中介效应"相关的重要论文,每年发文量在一千余篇。

根据2021年数据显示,在研究机构方面,高等院校是主要研究力量，经济学领域重要且发文量在二百篇以上的高校机构包括南开大学经济学院、中国人民大学经济学院和商学院、南京大学商学院、武汉大学经济与管理学院。2021年度，我国经济学研究领域高产知名学者包括清华大学陈劲和阳镇、西北大学任保平、华中农业大学张俊飚、华南农业大学罗必良、华中科技大学卢新海等人。

总体而言，2021年度经济学研究与之前相比，保持了相对的连续性。学术界重点关注"乡村振兴""数字经济""高质量发展""融资约束""新发展格局""经济增长"，一方面回应新时代展现出的新问题；另一方面通过加强学科交叉与学科融合，推动学科理论与实践研究的深入。

（执笔：郭文琦）

附录 2020年中国人文社会科学研究学术热词分析报告（节选）

河南大学高等人文研究院思享学术评价团队

为了量化分析2020年度研究中的热点问题，以数据为基础反映重点研究领域，河南大学高等人文研究院思享学术评价团队特撰写《2020年中国人文社会科学研究学术热词分析报告》，盘点2020年中国人文社会科学研究中出现的学术热词。报告采用科学知识图谱的研究方法，整理2020年度中文社会科学引文索引（CSSCI）、北京大学核心期刊目录、中国科学引文数据库（CSCD）所收录的相关研究论文，通过文件导入、信息单元抽取（关键词）、建立共现矩阵、利用相似度计算对关系进行标准化处理、统计分析，进行热点词语的可视化呈现。此次刊发《2020年中国人文社会科学研究学术热词分析报告》中的部分内容，为当前学界提供参考。

一 中国历史研究

2020年的中国史研究学术重点突出、热点纷呈，该部分共整理中国史研究核心论文5740篇。根据数据显示，2020年中国史研究的热点时段是明清和民国时期，该时期的重要论文的发文数量占整个中国史研究总数的50%以上。"梁启超"为2020年度最热历史人物，"抗日战争"为最热研究专题，"唯物史观"为史学理论研究的主要热词，"全球史""历史书写""地方社会""口述历史""民间信仰""国家认同""历史记忆""社会治理""文化交流""文化认同"等是重要的研究视角。历史文献研究的最热词为"《史记》"，出土文献研究为"墓志"，区域研究为"徽州"。

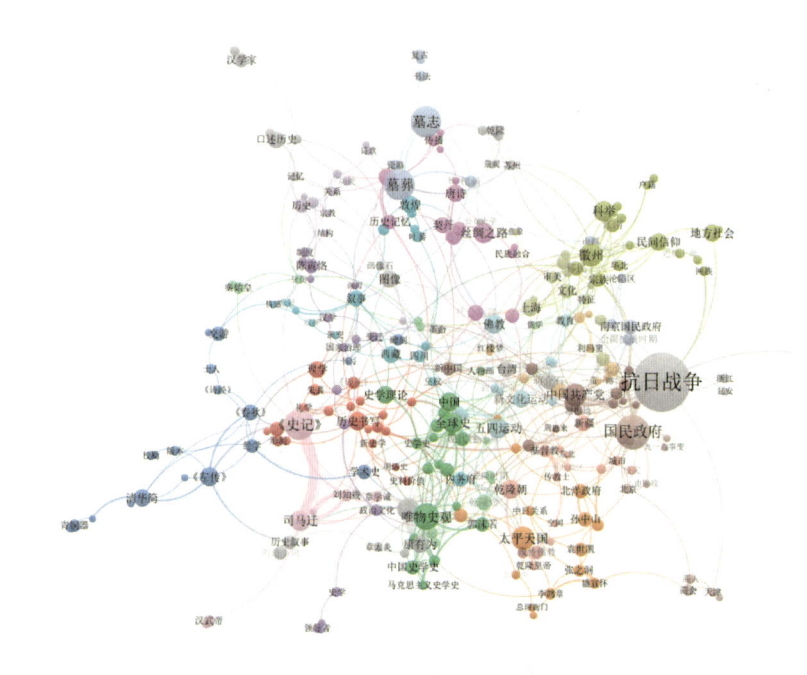

图1 2020年中国历史学术热词图谱

就断代研究而言，2020年中国历史研究仍然保持了"详近略古"的基本态势，从汉、唐、宋、明至清的研究热度逐渐增强，对长期大一统时期的学术关注要远高于对短期分裂阶段的探究。根据统计数据，断代史关键词热度依次为：清史、明史、宋史、唐史、汉史、元史、先秦史、魏晋南北朝史、西夏史、金史、辽史、五代史。

以史为鉴、鉴古知今，是中国史学研究的传统。历史学者研究的是过去，但关注的是现实与未来。2020年中国历史研究热点依然是对重大历史事件的回眸。2020年是抗日战争胜利七十五周年，"抗日战争"是该年度最高频词语，也是历史学者研究的重点专题，与之相关的"南京大屠杀""中日关系""全面抗战时期""中国共产党""国民政府""历史记忆""历史书写"等都是频频出现的热点词语。回顾近年来该专题的相关研究，1995年、2005年、2015年均出现研究热度的高峰，都有200篇以上的重要论文刊发，而以上年份分别是抗战胜利五十周年、六十周年和七十周年。站在新的时代的背景下，回顾历史、反思历史、总结历史，鉴前事之兴衰，考当今之得失，是史学研究永恒的主题。

唯物史观是当前史学研究的主要理论。1920年，李大钊被聘为北京大学文科教授，为学生开设了"唯物史观"的课程，传播马克思主义，开启了唯物史观在中国传播的百年历程，唯物史观逐渐成为中国历史研究的主要理论。2020年，恰逢唯物史观在中国传播百年，回顾与展望唯物史观在中国的传播、坚持运用唯物史观研究中国历史问题等成为该年度史学理论研究的重要命题。"唯物史观"也是2020年度史学研究中的热词，与"马克思主义史学史""马克思主义""中国史学史""史学史""现代性""全球史"等关联性较强。近二十年来，"唯物史观"的刊文数量一直保持着较为均衡的态势，2020年略有提高。从刊文的署名单位来看，北京师范大学、中国社会科学院近代史研究所等是该领域主要的研究机构。

全球史是历史学研究的重要分支，它以全球的研究视角，打破以区域、国家、民族等为界限的传统研究范式。美国学者约翰·麦克尼尔、威廉·麦克尼尔曾以"网络"视角审视全球文明的进程，在其著作《人类之网》开篇中写道："塑造人类历史的，正是（网络中）这些信息、事物、发明的交换与传播。"15世纪大航海时代到来后，全球化趋势不可逆转。近代以来，中国与世界的联系日益频繁。中国历史发展从来都不是孤立存在的，以全球的眼光看待中国，或以中国视角审视世界，将是今后较长一段时期内史学研究的重要视角。近二十年来，"全球史"热度起伏不定，也表明全球史的研究方法仍在不断调整。自2016年以来，该类论文的刊文数量稳步提升，体现出全球史研究正逐渐进入新的阶段。

传世文献研究方面，"《史记》""《左传》""《春秋》""《周礼》"等是2020年中国历史研究中的重点文献热词。作为中国第一部纪传体通史性著作，《史记》是研究中国古代史与史学理论的重要典籍。一方面与传世史料或出土史料相互佐证，另一方面也是解读司马迁生平及传统史论的基本资料。因此，2020年度与"《史记》"相关的关键词，既包括"《尚书》"等文献热词，也包括"司马迁""刘知几"等人物热词。

出土文献研究方面，"墓志""文书""清华简"等是2020年的研究热点。其中"墓志"是该年度史料研究的热点，"墓葬""壁画"等都是与之相关的热词。墓志虽然一直是学界关注的重要新史料，但就重要论文发表而言，每年刊发数量仍然有限。自2019年开始，"墓志"及其相关论文刊发数量明显上升，2020年成为出土文献方面的热词，更表明学界对该类史料的重视。出土墓志的时代分期多集中于魏晋隋唐之际，西安、洛阳是新出墓志较多的地区。2020年度该类论文的研究者多来自陕西师范大学等高校或科研机构，研究者也是充分利用了该地区新出墓志材料较多的区位优势。新出史料为学者发现新问题、更新旧认识提供了重要途径，也将为中国历史研究的逐步深入带来不竭动力。

区域史研究方面，"徽州""丝绸之路""上海""敦煌""西藏""台湾""新疆""江南""西域""四川""吐蕃""北京""南京""大运河""山西""苏州""洛阳"等是2020年中国历史研究的重点词语，区域热词往往与社会治理、城市史、边疆史等研究专题相关联。其中，"徽州"研究最为突出，涉及"徽商""科举""乡村社会""宗族""户籍""教育""日常生活"等区域社会问题。自2009年开始，"徽州"研究的重要论文刊发数量逐渐增多，一直保持着较为平稳的态势，至2020年成为区域史研究的最热词语。这离不开安徽学者对本地文化的重视，2020年半数以上"徽州"研究成果的署名单位都来自安徽，《安徽大学学报》（哲学社会科学版）更设有"徽学"专栏，连续刊发社会史专题、徽商与经济史专题、宗族研究专题的系列文章。数据显示，安徽大学、安徽师范大学等一直是"徽学"成果产出的主要高校。

敦煌文书被称为"中古时代的百科全书""古代学术的海洋"。2020年是敦煌藏经洞发现一百二十周年，也是敦煌学研究历程中的重要节点。敦煌研究同样是今年的热点，荣新江教授曾提出敦煌吐鲁番文书研究的新增长点，"在于利用其他学科的理论和方法来进行跨学科的研究，采用新的视角，提出新的问题，产生新的理论，为历史学研究做出更大的贡献，甚至推进新的学科产生"。站在新的历史节点上，敦煌研究也将再起新篇。

在历史人物研究方面，该年度研究的热点人物依次为"梁启超""司马迁""康有为""乾隆""郭沫若""陈寅恪"等。2020年度的最热门人物为"梁启超"。作为清末民初的历史见证者，梁启超学贯中西、文史兼通，不仅是近代"新史学"的奠基者，而且是文学、伦理学的研究者，是近代史、近代文学以及伦理学等多学科研究中必须涉及的重要人物。1901年和1902年，梁启超先后发表《中国史叙论》和《新史学》，批判传统史学，宣扬"新史学"，被称为"新史学的宣言书"。"新史学"的提出以及唯物史观的传播，开启了中国百年史学研究的变革帷幕。因此，梁启超与"新史学""中国史学史"等词语密切相关。同时，近年来近代文学与伦理学研究的国家社科基金重大招标课阶段性成果涌现，如关爱和主持的"期刊史料与20世纪中国文学史"等均涉及梁启超。同时，"梁启超"也一直是中国史研究的最热人物之一。近二十年来，有关"梁启超"研究的刊文高峰出现在2009年至2013年，虽然2020年与之前相比刊文数量有所下降，但其仍是2020年人物研究方面的最热点。

总之，2020年中国历史学术热词，一方面延续着史学研究以史为鉴的优良传统，对重要历史事件与历史人物再回首、再审视。如研究专题热词"抗日战争"、历史人物热词"梁启超"、史学理论研究热词"唯物史观"等，都是学者站在新时代的节点对百年历史的回顾与思考。另一方面在学术热词背后，又坚持着一份学术研究的独立意识与冷静思考。2020年度多数学术热词并不是对社会关注的热点，"墓志""《史记》""徽州"等，虽非社会热点，却依然是学者执着耕耘与探索的重要领域。基于以上数据分析，2021年中国历史研究热词整体趋势基本有两方面的初步判研：一是重大历史节点的周年回顾，如"党史"百年的相关研究、"新史学"的周年回眸等；二是史学核心问题的继续探讨，如史学研究的主要理论"唯物史观"、先秦秦汉研究的主要史料"《史记》"、近代史重要人物"梁启超"、史学研究的重要视角"全球史"等。

（执笔：闵祥鹏）

二 哲学研究

2020年，中国哲学研究热点集中、特色鲜明，该部分共整理相关核心论文5737篇并进行分析。马克思、康德、海德格尔、黑格尔为该年度学界关注的主要哲学人物；"唯物史观""历史唯物主义"为哲学理论研究的主要热词；"现象学""形而上学""现代性""意识形态""自然""伦理""辩证法""道""实践"等是研究中较多涉及的热词；"《周易》"为哲学文献方面研究的重点。

在世界哲学领域中，学界重点关注的哲学家（依出现频率降序）分别为：海德格尔、黑格尔、康德、胡塞尔、哈贝马斯、柏拉图、阿多诺、尼采、笛卡尔、伽达默尔、福柯、维特根斯坦、波兰尼。"存在""德国古典哲学""现代性问题""分析哲学""现象学""古希腊哲学"依然是学界关注的核心问题。"辩证法""现象学""形而上学""认识论""方法论"五大核心问题构成了世界哲学的重点研究领域。形而上学作为"追问存在者的存在"的科学，被称为"第一哲学"。直到19世纪黑格尔去世之

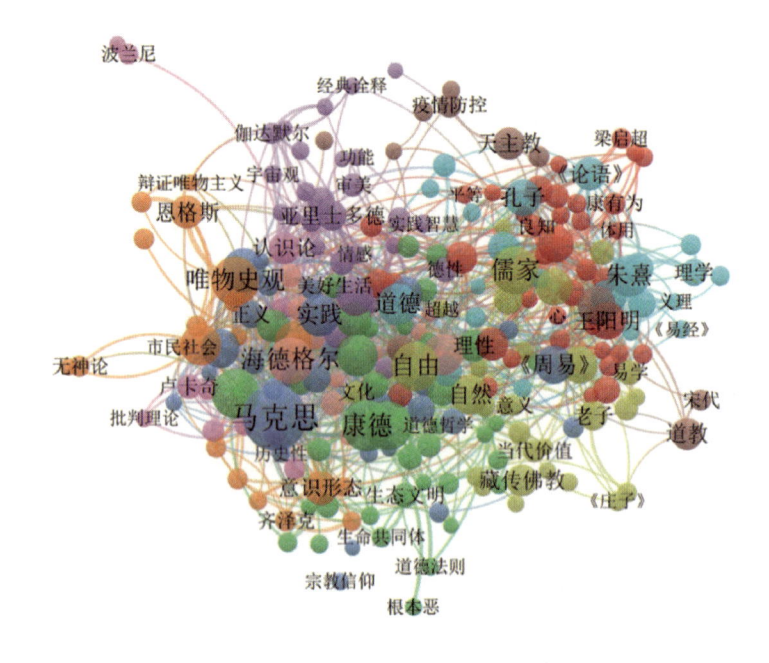

图 2　2020 年哲学研究热词图谱

前,它始终占据着哲学研究的核心地位。至于现象学方法,如海德格尔在胡塞尔现象学的影响之下,重提"存在",梳理了形而上学的产生、演变的过程,谋求在形而上学终结之后,继续推动该理论的发展。在此核心理路的发展中,认识论、方法论亦贯穿其中。因此,以上研究一直以来都备受学界关注。除此之外,"时间""空间""正义""主体间性""自我意识""自由""身体"等年度热词在当今社会实践中构成了哲学反思的主要话题,学者从哲学史的视角出发对其进行了追溯。

"海德格尔"是2020年度世界哲学研究的最热词语。海德格尔从胡塞尔现象学接受过来的思想任务,就是要破除传统西方哲学主客二元式的认识论框架,并深入主体客体分化之前更深层次的源始境域中去解决存在问题。他变换了多种方式去"接近"存在，如时间、理性、本质、自由、技术、历史等。以上也是2020年学界对海德格尔思想研究的重点。

就文献研究角度而言，中国哲学研究的热词分别为："《周易》""《论语》""《庄子》""《老子》""《大学》"。学界聚焦于传统文献的深入阐释，相关研究多围绕"仁""本体论""道统""心性""天道""体用""工夫""心性""君子""良知""礼""义理"等。在中国哲学继往开来道路上，儒、道哲学仍将是主要的思想资源。性与天道、德与天命、言意之辩、有无之分等主题依然是中国哲学至关重要的回溯理路。阐释是哲学的基本方法之一，在思想史研究上对经典的阐释依然是重点。此类热词亦多有体现，如"经学""朱子学""易学""郑玄"等。

就传统哲学流派的研究而言，儒道之学依然是中国哲学主要的思想来源。以儒学为核心，汉代经学（以"郑玄"为主要热点人物）、宋代理学（主要热词包括"张载""程颐""程颢""朱熹"）、明代心学（热点人物为"王阳明"）为重要分支。其中，2020年是张载诞辰一千周年，部分学者亦撰文回顾张载的学术思想及其贡献。道家哲学研究最热人物是庄子，"自然"是庄子思想的核心理念，也是研究热点。晚清民国时期的年度人物热词为："章太炎""康有为"等，这是近年来儒家政治哲学研究方兴未艾的体现。新儒家领域的主要热词为："冯友兰""熊十力""牟宗三"。其中，2020年是冯友兰诞辰一百二十五周年，学界对冯友兰学术思想的关注有所增加。

总体而言，2020年度世界哲学与中国哲学研究与之前相比，仍保持了相对的连续性。学界依然重点关注经典文献阐释、梳理哲学人物及其思想脉络。同时，也在一定程度上回应时代问题，并试图加强与其他学科之间的交流与对话。

（执笔：唐静琰）

三 经济学研究

剖析经济现象、把握经济规律是经济学始终不渝的职责和使命。2020年经济学研究秉持服务战略、关注社会的理念，深刻聚焦时代课题。该部分整理经济学核心论文46102篇进行分析。2020年经济学研究的政策热词是"乡村振兴"和"一带一路"；"数字经济"为该年度信息经济研究最热词语；"经济增长"和"高质量发展"是年度最热研究专题；"融资约束"为企业经济研究的主要热词。

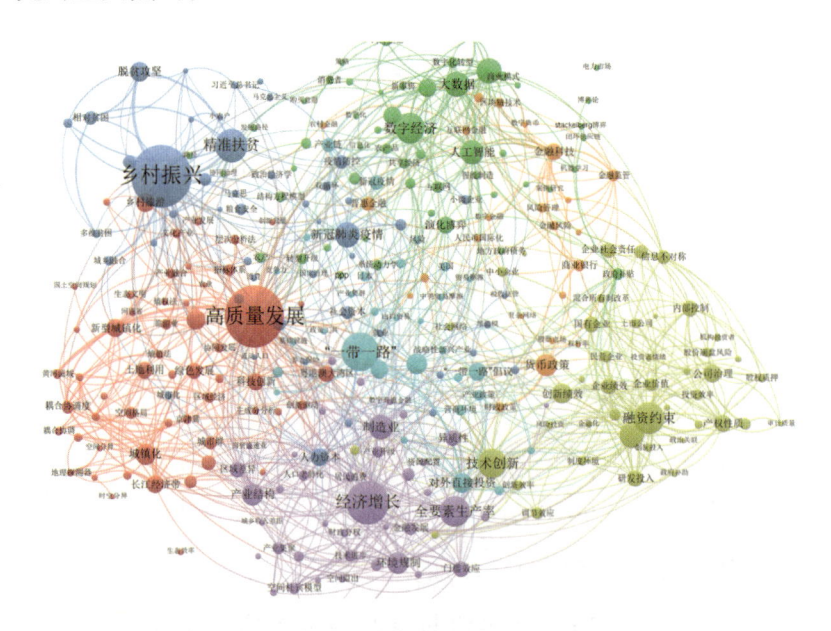

图3 2020年经济学研究热词图谱

政策研究方面，"乡村振兴"是2020年度经济学研究最高频词语之一,"精准扶贫"是经济学研究的重点专题。2017 年 10 月,乡村振兴战略被首次提出,淳朴自然、沃野千里的乡村,不仅是具有经济、社会、自然特征的地域综合体,而且为学术研究提供了实践田野和辽阔空间。乡村兴则国家兴,2020 年是脱贫攻坚战的决胜之年,也是乡村振兴战略回溯过往、承前启后的关键之年。回顾近三年来的相关研究,热度逐渐增强,"精准扶贫""乡村旅游""城乡融合""乡村治理""相对贫困""农业现代化"等都是频频出现的热词,平均每年有八百篇以上的重要论文刊发。在历史的交汇点上,推动脱贫攻坚与乡村振兴的有效衔接,不仅能催生战略实施的路径创新,更能为经济学重要理论的涌现提供基础。

"一带一路"是 2020 年度经济学研究中又一政策研究热词。众所周知,作为古代东西方在经济、文化等方面交流的通道,丝绸之路不仅为文明之间的互鉴做出过卓越性贡献,而且成为一种充满中国魅力的历史符号。古今相连,作为国际顶层合作倡议,"一带一路"自 2013 年提出以来就得到了国际社会的高度认同与广泛响应。就学术研究视角而言,"一带一路"研究的内涵不断深化,外延持续拓展,逐渐进入视角多元、学科融合的新阶段。相关论文如雨后春笋一般涌现,"对外直接投资""贸易便利化""国际产能合作""中巴经济走廊""人民币国际化"等是重要的研究角度。根据数据,对外经济贸易大学是"一带一路"相关成果产出的主要高校。

信息经济研究方面,"数字经济"是 2020 年度信息经济研究热词。作为经济学与计算机科学交叉的前沿领域,数字经济逐渐成为提升科技创新能力的新引擎。《中国数字经济发展白皮书》

显示，2020年我国数字经济规模达到39.2万亿元，占国内生产总值比重为38.6%。在2020年新冠疫情防控背景下，数字经济呈现出逆势而上的态势，表明其在宏观经济中的地位愈发突出。毋庸置疑，处于探索和成长阶段的数字经济正在面临战略机遇期。一方面，传统产业正在经历数字化转型，另一方面，数字经济与实体经济正在经历多领域、宽角度、深层次地融合。与此相关的热词，既包括"人工智能""大数据""区块链""金融科技""物联网"等技术词语，也包括"数字服务税""数字贸易""数字丝绸之路""国际税收规则"等词语。就学术研究视角而言，2017年以前，数字经济研究少有论文涉及，但自2018年以来，该类论文的刊文数量逐渐稳步提升，表明以数字经济为代表的新兴领域正在逐渐得到经济学界的重视。

经济发展模式方面，旨在解释"经济增长"的研究受到计量经济研究的推动，最终表现为探究特定要素对经济的影响及机理机制。"金融发展""人力资本""产业结构""能源消费""收入分配""VAR模型""空间溢出效应"等是重要的研究视角。理论演化与变迁方面，被誉为"古典经济学之父"的亚当·斯密是最早解释经济增长现象的代表之一，其著作《国民财富的性质和原因的研究》对经济增长给予了关注。宏观经济学视角下，哈罗德—多马经济增长理论、索洛经济增长模型和新剑桥经济增长理论成为教科书的经典内容。由此可见，理论研究具有与时俱进的特点。

"高质量发展"是遵循经济发展规律的新表述，其内涵与"新发展理念""绿色发展""创新驱动""生态文明""全要素生产率""新发展格局"等热词息息相关。换言之，从速度规模型向质量效益型的转变,使学界对生态保护、要素效率及空间布局、协调发展的重视程度与日俱增。政策解读方面,"乡村振兴""一带一路""创新驱动发展""制造强国"等是2020年经济学研究中的政策热词。区域研究方面,"黄河流域""长江经济带""城市群""京津冀"等是2020年度经济学研究中的热词。

企业经济研究方面,公司金融是当前公司治理研究的热点方向,"融资约束"是2020年度企业经济研究的最热词语。正如"产权性质""代理成本""金融发展""商业信用"等热词所代表的特征,企业的自身特点和外部环境对融资选择(包括内源融资和外源融资)有着巨大影响,这种融资成本的差异化现象统称为融资约束。国外关于融资约束的研究相对起步较早,20世纪60年代以来,融资选择是否影响公司价值这个重要命题亟待学界给出解释,无税MM理论诞生以来,资本结构理论已经成为公司金融领域的核心内容之一。企业不仅是现代社会的基本经济单位,而且是微观经济研究的主体。国内经验证据研究方面,"企业创新""中小企业""地方政府债务""研发投入""企业金融化""股权质押"等是2020年企业经济研究的重要视角。近五年来,企业经济研究的刊文数量保持着较为均衡的态势,2019年略有提高。从刊文的署名单位来看,中国人民大学、北京大学和武汉大学等是该领域主要的研究高校。

(执笔:马永亮)

四 法学研究

2020年的中国法学研究立足实践,回应热点,响应时代。法学部分共整理法学研究核心论文 9032 篇进行分析。2020 年中国法学研究热词有"民法典""人工智能""认罪认罚从宽"等，都是学者站在新时代的节点上以现实诉求为导向，探讨法治中国建设中所面临的重大理论和实践问题。

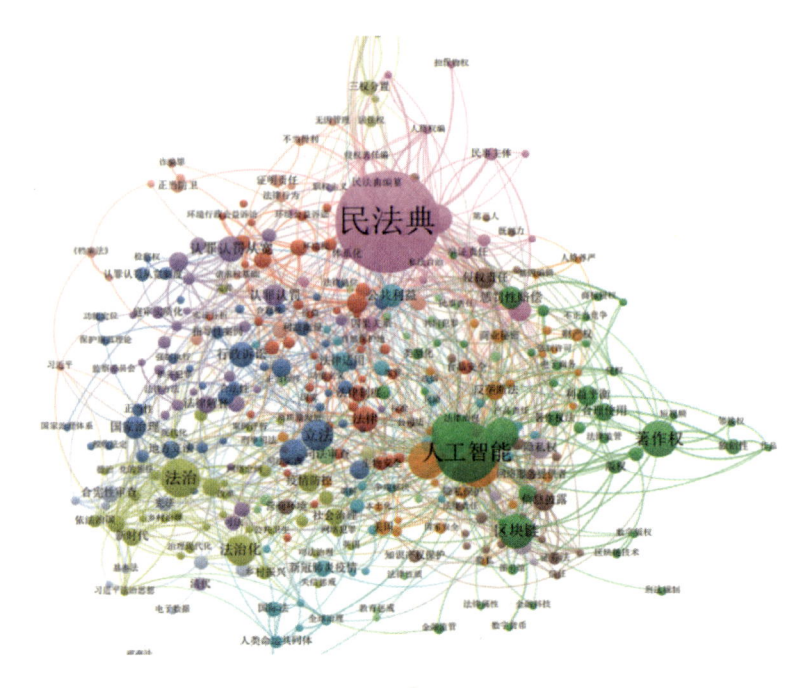

图 4　2020 年中国法学研究热词图谱

在法律制度建设方面，"民法典"是 2020 年度法学研究的最热词语。2020 年 5 月 28 日，十三届全国人大三次会议表决通过了《中华人民共和国民法典》（以下简称《民法典》）。这是中国法治史上具有里程碑意义的一件大事，更是推进全面依法治国、推进国家治理体系和治理能力现代化的重大举措。《民法典》，汇聚民智、关注民意，其草案共收到 13718 位网民提出的 114574 条意见。该法典主要表现出以下特点：以人为本、聚焦民生，单独设立人格权编，突出保护公民的健康权、名誉权、隐私权等重要权利；特色鲜明、回应时代，体现了其融入新时代的开放进取精神和浓厚的时代气息。

新中国先后于1954年、1962年、1978年、1998年四次起草民法典，但是均因各种原因被搁置。2015年3月20日，全国人大常委会法工委宣布民法典编纂工作正式启动。2017年3月，十二届全国人大五次会议通过《民法总则》，直至2020年5月，十三届全国人大三次会议通过《民法典》，历时五年。中国法学研究始终与法治实践紧密相连，所以民法典及其相关研究一直备受学界关注。自2016年起，以"民法典"为主题的重要论文每年都有100篇以上被刊发，且数量逐年递增。2020年度，相关重要论文数量已接近600篇。

2020年度民法典及其相关研究主要的关注点是"物权编""个人信息""侵权责任""人格权"等。以"个人信息""侵权责任""人格权"为关键词的重要论文数量均在2020年达到高峰，且与往年相比增幅较大。以《民法典》的制定和颁布为契机，2020年的民法学研究硕果累累。学者发表多篇理论文章，就人格权立法、侵权责任规则、营商环境优化、居住权等问题展开讨论并催生出许多重大理论创新成果，为《民法典》的制定和实施奠定了坚实的理论基础。

2020年，在全球抗疫的大背景下，人工智能被赋予了更多期待和重任。从主体资格到权责配置，从算法规制到智慧法院，在法学领域，"人工智能+法律"成为研究热点。数据显示，2018年以前与"人工智能"主题相关的法学论文篇数较少，但在2018年至2020年，每年发表的相关法学论文均超过200篇。一些高校于近年开始增设"人工智能法学"专业，如西南政法大学于2017年就在全国率先设立人工智能法学院，上海政法学院也在2019年

· 179 ·

5月成立了人工智能法学院。一些高校则成立了相关研究中心,如北京大学法学院的法律人工智能研究中心、清华大学法学院的智能法治研究院、中国政法大学的大数据和人工智能法律研究中心等。从刊文署名单位来看,西南政法大学、中国政法大学等高校对该领域贡献较大。

区块链与法治发展的交叉领域目前正是法学研究的前沿地带。法学家莱西格在网络法经典著作《代码》中提出论断:"代码就是法律。"自2018年开始,与"区块链"相关的法学论文数量明显上升,2020年该词成为"技术+法律"方面的热词,学者们主要就智能合约、金融风险防控、数字经济与数字版权交易、个人信息保护等问题提出了诸多法律构想,"著作权""金融监管""个人信息"等都是与之相关的热词。在司法实践层面,区块链技术有力推动司法自治机制和电子证据认定机制的发展,相关法学论文多从司法证据与认定方面展开探讨。

随着经济快速发展,法学实务界和理论界越来越意识到保护知识产权的重要性和迫切性。2017年最高人民法院发布《中国知识产权司法保护纲要》。2020年,国家知识产权局印发《商标侵权判断标准》《查处假冒专利和专利标识标注不规范行为办案指南》等标准指南。近十五年来,"知识产权"一直备受学界关注,多数年份相关的法学论文发表数量超过100篇。"人工智能""行政保护""民法典"等是2020年度与之相关的热词。从刊文的署名单位来看,中南财经政法大学、中国人民大学等高校是该领域主要的研究机构。学界对"知识产权"方向的研究热情,表明中国法学学者坚持以问题为导向,把社会责任放在学术研究的重要位置。

《荀子》有言:"法者,治之端也。"近二十年来,有关"法治"研究的刊文数量一直保持着稳步增长的态势,高峰出现在2015年至2017年。一个现代国家,必须是一个法治国家;国家要走向现代化,必须走向法治化。"法治"成为长期的研究热词,既表明法学研究积极回应国家战略布局,又体现了法学学者对本学科的深沉热爱和对自身社会责任的积极担当。

2020年刑事诉讼法学重点关注方向是"认罪认罚从宽"制度。2016年,学界对"认罪认罚从宽"这一概念有了初步研究,此后相关刊文数量逐年攀升。2018年10月26日,第十三届全国人民代表大会常务委员会第六次会议做出关于修改《中华人民共和国刑事诉讼法》的决定,首次确立了认罪认罚从宽制度。2020年5月,最高人民检察院出台《人民检察院办理认罪认罚案件监督管理办法》。在全民抗疫中,全国检察机关涉疫案件认罪认罚从宽制度适用率为86.6%,部分省份检察机关涉疫情刑事案件认罪认罚从宽制度适用率超过九成,极大地促进了社会秩序的稳定。2020年,"认罪认罚从宽"相关论文发表数量再创新高,并成为司法制度方面的热词。学者多从"以审判为中心""值班律师""证明标准"等角度对其进行阐释。"认罪认罚从宽"制度是中国特色社会主义刑事司法模式的重大创新,正深刻影响着刑事诉讼的诸多环节。

回望2020年,我国首部以"法典"命名的法律——《中华人民共和国民法典》颁布,知识产权保护工作取得重要进展,中央全面依法治国工作会议顺利召开,认罪认罚从宽制度深刻落实。法学研究在以上领域取得一系列重要成果,反映出法学研究自觉回应法治实践、关注社会现实的特点。

(执笔:殷佳佳)

五 马克思主义理论研究

2020年马克思主义理论研究热点，具有鲜明的时代性与突出的理论性。通过分析有关马克思主义理论研究7550篇代表性文献，可将研究热点归纳为"党史党建研究""马克思主义经典作家与领导人物研究""思想政治教育研究"等方面。党的建设一直是马克思主义理论研究的重点内容，"中国共产党"是2020年马克思主义理论研究最热词语；"马克思""恩格斯"等经典作家，以及"列宁""毛泽东"等领导人物的思想是学界关注的重点方向；思想政治教育是马克思主义理论研究的重要领域；围绕2020年"疫情防控""脱贫攻坚"等重大现实问题，学者们也进行了重点研究。

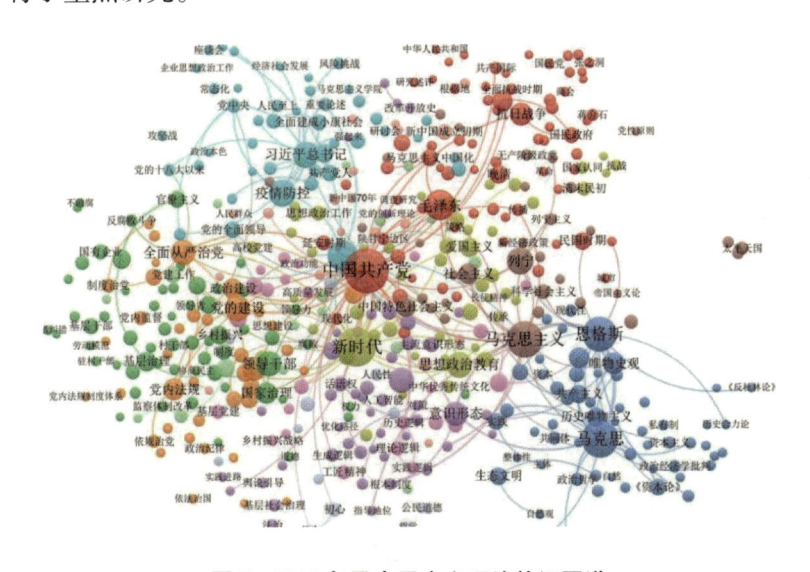

图5 2020年马克思主义理论热词图谱

党史党建研究一直是马克思主义理论研究的重要内容，"中国共产党"是马克思主义理论研究最重要的热词。2020年在党史党建方面，学者站在新的时代背景下从"制度治党""理论创新""纪律建设"等方面，探索全面从严治党的新路径。"新时代""党的建设""全面从严治党""制度治党""纪律建设""理论创新""中国特色社会主义制度"成为党史党建方面的热词。纵观近十年的研究数据，党史党建研究文献数量持续占据前列。在建党九十周年与九十五周年之际，研究数量显著增加。近年来，党的纪律建设、理论建设、制度建设等研究得到学界更多关注。

马克思、恩格斯的著作及其思想研究，是马克思主义理论研究的核心内容。2020年，马克思及其相关研究依然是该领域重点。2020年是《共产党宣言》中文全译本出版一百周年，也是恩格斯200周年诞辰，关于恩格斯生平、著作及其思想的探讨也出现了一个研究的小高峰。马克思、恩格斯的思想是完备统一的体系，恩格斯对马克思主义唯物史观的创立做出了重要贡献，其所著《反杜林论》对唯物史观进行了系统论述，具体阐述了生产力与生产关系、经济基础与上层建筑的辩证关系原理。因此，学界对恩格斯的研究主要围绕"唯物史观""自然辩证法""《反杜林论》"等方面展开。中文版《共产党宣言》的出版，对马克思主义的传播与中国共产党的成立有着重要的推动作用。结合两个百年的纪念，《共产党宣言》与恩格斯的关系研究也成为学界的关注方向。

思想政治教育是马克思主义研究的重要领域，其本身即是研究热点。2020年思想政治教育研究的主题聚焦于"新时代""爱国主义教育""网络思想政治教育""思想政治工作""突发事件"等内容。新时代背景下，网络思想政治教育是思政工作的新领域。新冠疫情所引发的一系列突发事件，对思政工作提出巨大挑战。针对以上问题，学者围绕高校思政工作的内容创新、教育者素质提高等方向展开探讨，研究中多以挖掘疫情防控期间的英雄人物事迹作为"思想政治教育"与"爱国主义教育"的优秀案例，完善思想政治教育内容体系。

综上所述，马克思主义理论研究延续以往的发展趋势，主要围绕两方面展开研究：一是马克思主义基本原理的新发展与新运用，如"唯物史观""辩证唯物主义""自然辩证法"等。二是将马克思主义理论与中国实践相结合，推进马克思主义中国化进程。

（执笔：伊妍雪）

六　新闻与传播研究

随着5G和人工智能等技术的发展及新冠肺炎疫情的影响，新闻与传播研究面临新的机遇和挑战。该部分共整理新闻与传播研究核心论文9596篇，对年度研究热词进行分析。2020年度新闻与传播研究主要聚焦媒体融合、媒体形态、媒体技术等相关领域，"媒体融合"是该年度最热词语，"短视频""社交媒体""数字出版"在媒介形态研究领域热度较高；"主流媒体""新冠肺炎疫情""网络舆情"为该年度学者探讨的热点议题；"人工智能""5G"为媒介技术领域的研究热词。

融媒体时代背景下，新闻的内容生产、传播手段、呈现形式、传播渠道等发生新变化，科技发展对媒体创新也提出了新要求。2020年，"媒体融合"成为研究中的高频词语，也是学界关注的重点专题。"媒体融合"概念最早由尼古拉斯·尼葛洛庞蒂提出，他认为媒体融合是"通过各种媒体相互融合，最终实现全

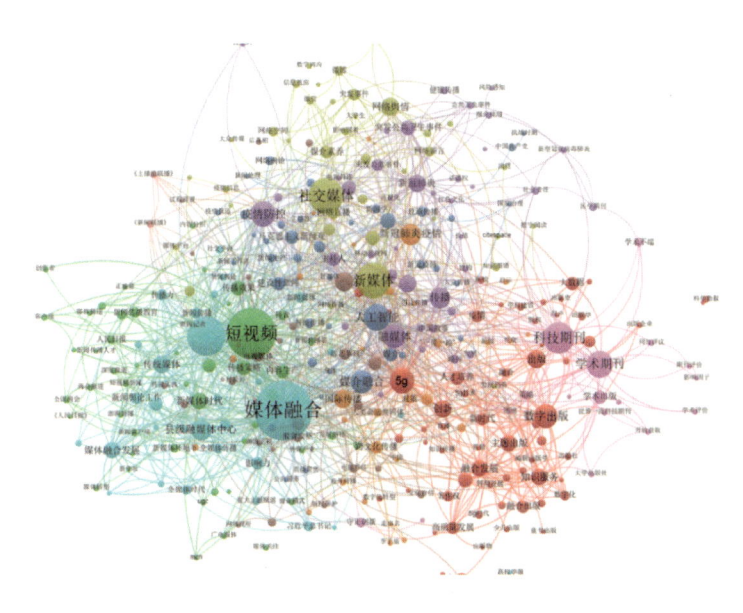

附录 2020年中国人文社会科学研究学术热词分析报告（节选）

图6 2020年新闻与传播研究热词图谱

媒体化的手段。"自2014年以来，媒体融合逐渐上升为国家战略，推动媒体融合发展逐渐成为学界研究的重点。"主流媒体""县级融媒体中心""短视频""纵深发展""全媒体"等都是与之相关的热词。2020年6月，中央全面深化改革委员会第十四次会议审议通过了《关于加快推进媒体深度融合发展的指导意见》，将推动媒体融合的深入发展。

在内容传播方式上，短视频依托移动终端的普及和互联网技术的发展，突破了硬件条件的限制，以短、平、快的特点赢得用户青睐。"短视频"也成为2020年度学术热词。随着媒体融合的深入发展，短视频成为新风口，在5G、人工智能等技术的推动下，短视频呈现新的发展态势。疫情下主流媒体的短视频传播策略、全媒体时代主流媒体的短视频生产、电视媒体节目短视频化的困难和探索、图书短视频营销的可行性发展路径等成为2020年该专题的研究重点。

此外，社交媒体依托网络蓬勃发展，尤其 2020 年受疫情影响，人们的外出时间大大缩短，微博、微信、抖音、快手、小红书、知乎、简书等媒体平台成为社交的重要方式。"社交媒体"成为 2020 年度学界研究的热词之一。疫情防控期间，网络舆情事件频发。针对出现的新问题，学者从网络谣言的治理、社交媒体在突发事件传播中的应用等方面进行了深入探讨。

当前数字技术成为推动产业发展的新动力，也是推动传统出版业转型发展的重要技术支撑。2020 年，"数字出版""数字化转型""发展策略""人工智能""高质量发展""区块链"等成为该领域研究的年度热词。"人工智能＋出版流程"推动了出版在选题、审校、排版、发行等环节实现精准化、高效化；区块链技术在出版业的内容生产、图书制作、发行推广、版权保护等方面也发挥了重要作用。但传统出版企业以往的组织结构、工作流程等使其面临数字化转型困境，因此学界主要围绕传统出版业的数字化转型、数字出版产业链及其运营模式等方面展开研究。

2020 年是特殊的一年，在新冠肺炎疫情的影响下，网络舆情事件频发，舆论引导和谣言应对显得尤为重要，而该年度网络舆情也多围绕突发公共卫生事件展开。其中，"突发公共卫生事件""网络舆情治理""网络舆情传播""应对策略""网络谣言"等词语与"网络舆情"之间表现出较高的相关性。学界对突发公共卫生事件中的网络社会心态、网络舆情特征、网络舆情应对、网络舆情发酵机理、网络谣言的生发与治理等话题进行了多角度分析。移动互联网时代，网络舆情事件将是社会和学界持久关注的话题。

附录　2020年中国人文社会科学研究学术热词分析报告（节选）

在媒介技术革新方面，"人工智能""5G"是该领域热词。随着新技术、新理念的发展，人工智能已从计算机领域扩展到政治、经济、社会的方方面面，对新闻传媒业的发展也产生了重要影响，人工智能对新闻业重塑和变革的影响成为学界研究热点。人工智能技术与新闻实践的深度融合，加速了智媒时代的到来。"万物皆媒"的媒介化环境极大改变了传播生态，推动媒体融合向纵深发展，助力全媒体传播体系的建构，重塑智能化数字出版流程。机器人写作、AI主播、无人机报道等媒介技术变革中的新形式，使新闻生产和报道的时效性和精准性显著增强。同时，2019年被称为全球5G元年，也是相关研究的起步时期。5G时代的到来，将促进人工智能、大数据、VR、云计算、物联网等新兴技术的快速发展。这些媒介技术的变革将极大改变传媒生态，媒介环境的变化也要求主流媒体依托新型技术实现转型。2020年学界对该领域的研究呈明显上升趋势，研究多聚焦5G与人工智能技术下的新闻生产变革、主流媒体顶层设计、智能融媒体发展，以及新技术对主流媒体报道形式、传播策略所带来的新变化等方面。

总之，2020年新闻与传播研究体现出两大变化：一是技术变革改变传媒生态，媒体融合向纵深发展；二是新冠疫情影响媒体生态，加速传媒业改革创新。而从该年度学术热词来看，学界研究也紧跟业界发展新动向，关注社会热点和国家时事，应对新闻与传播领域出现的新变化、新挑战、新趋势，做时代前行中的见证者。

（执笔：王璐）

《2021年中国人文社会科学学术热词分析报告》，是对该年度中国人文社会科学研究内容的初步总结。任何总结都仅仅是对已发生事件的回顾，具有一定的滞后性。所以现实的发展虽源自过往的积淀，但不会完全重演。人文社会科学研究热点在不断更新，因此趋势研判仅基于数据分析，报告也只是与同行分享学术思路，共同讨论，仅供参考！最后感谢程政举、叶平、陈联营、杨红玉、李亚婷、齐德舜等学者的指导！

后 记

《中国人文社会科学学术关键词分析报告（2021年度）》由我院与中国社会科学出版社合作出版。在数据整理、分析与报告编写过程中，我们邀请了张金萍、顾丽华、庞卫东、马致远、李文涛、李谢辉、褚龙飞、和付强、陈加晋、徐清等通过线上线下方式进行研讨与修订，此外还感谢河南省高等学校哲学社会科学创新团队建设计划资助。陈肖静编辑在报告出版过程中给予了大力支持，在此致谢！

总之，本书为人文社会科学领域的研究机构和研究人员提供了一个全面的、及时的学术参考工具。尤其是以关键词为切入点分析研究现状和热点问题，可以帮助读者了解学科的发展动态，把握学术增长点和前沿方向，为他们的研究工作提供了支持和指导。当然，由于撰写时间仓促，不足之处还请各位读者多多指导！

《中国人文社会科学学术关键词分析报告（2021年度）》编委会
2022.12